I0752355

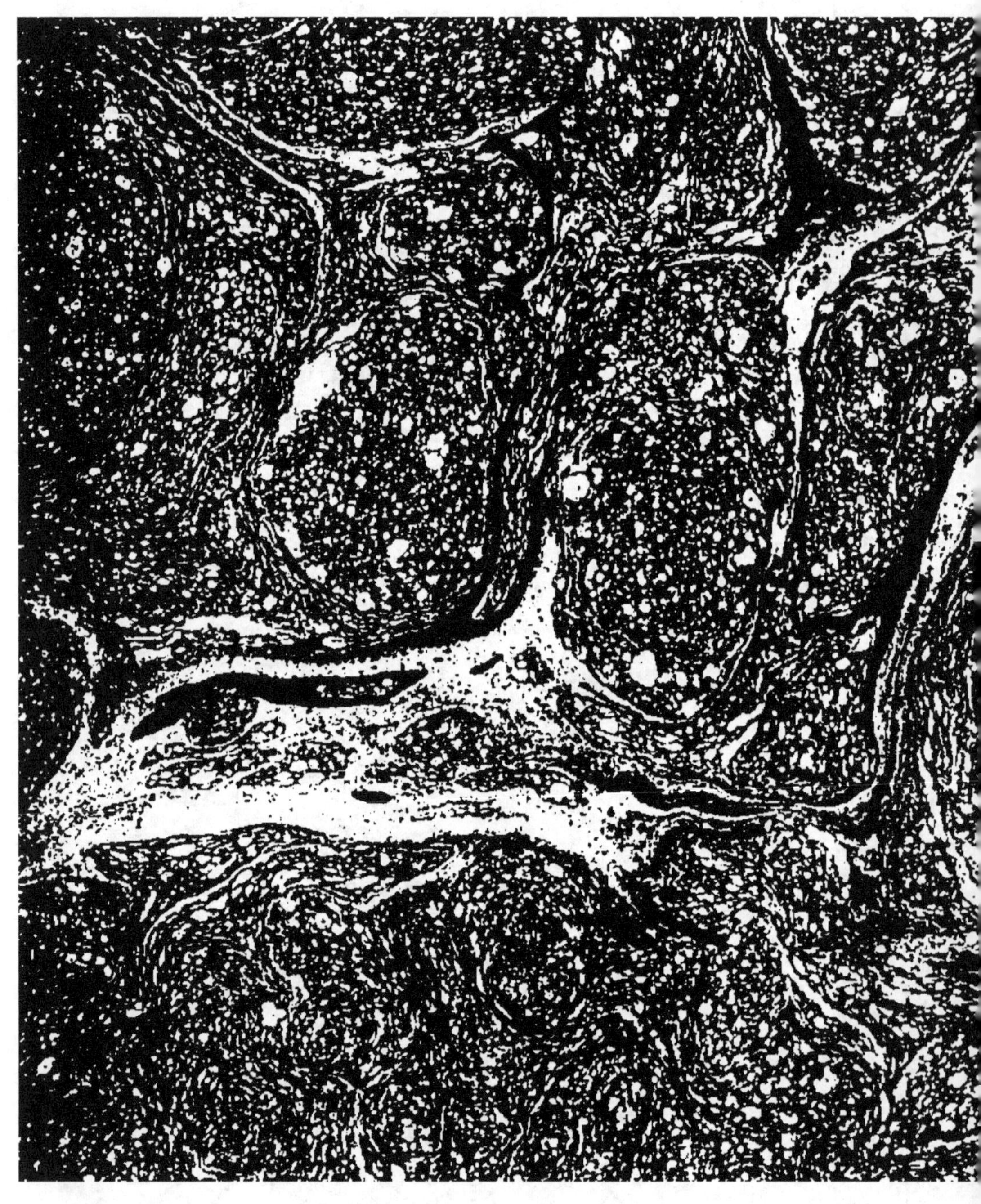

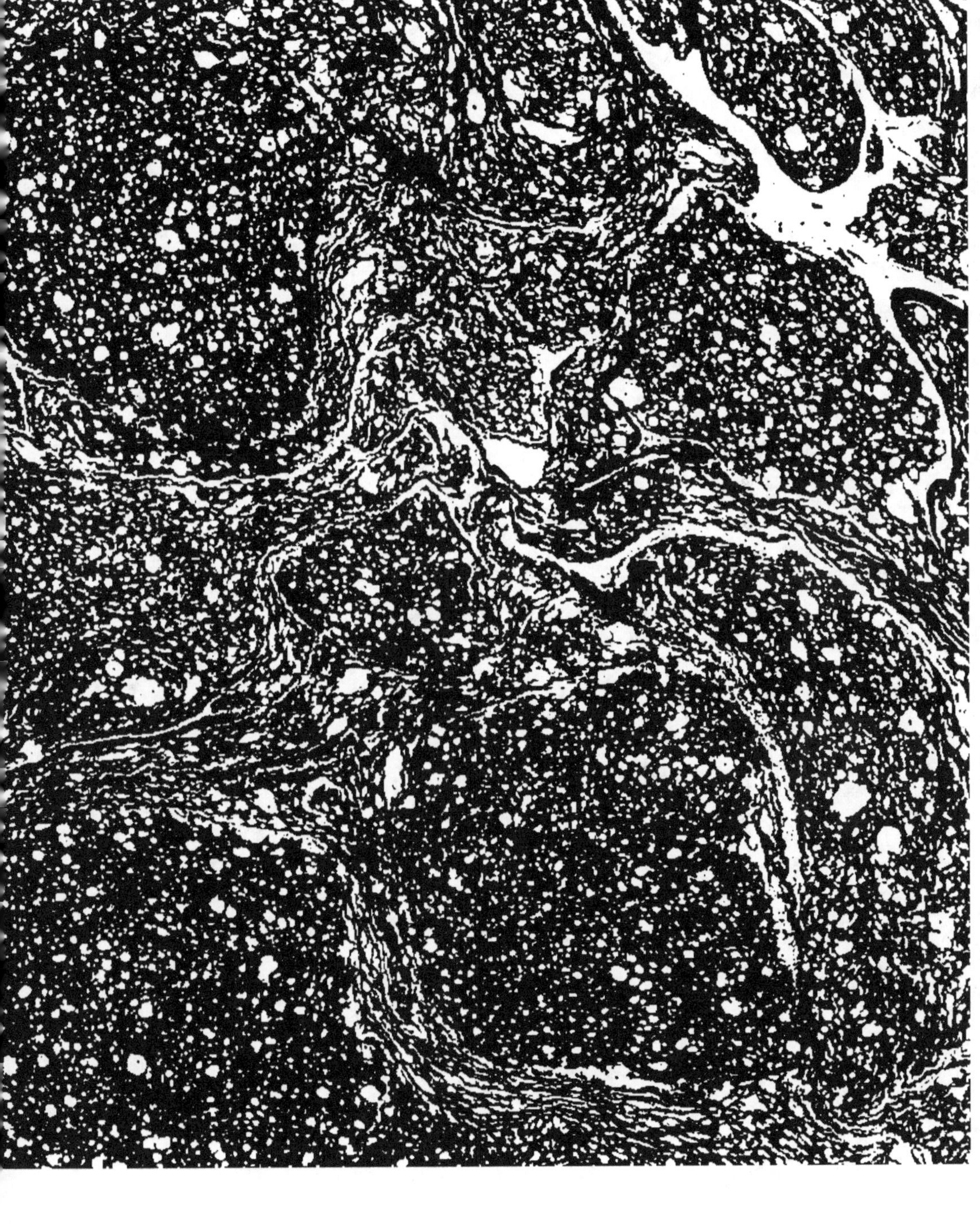

LE BRÉSIL.

DE L'IMPRIMERIE DE PILLET AÎNÉ.

LE BRÉSIL,

OU

HISTOIRE, MOEURS,

USAGES ET COUTUMES DES HABITANS DE CE ROYAUME;

PAR M. HIPPOLYTE TAUNAY,

Correspondant du Muséum d'histoire naturelle de Paris,

ET M. FERDINAND DENIS,

Membre de l'Athénée des sciences, lettres et arts de Paris.

Ouvrage orné de nombreuses gravures d'après les dessins faits dans le pays par M. H. Taunay.

TOME PREMIER.

PARIS,

NEPVEU, PASSAGE DES PANORAMAS, N° 26.

1822.

DISCOURS

PRÉLIMINAIRE.

On a beaucoup écrit autrefois sur le Brésil ; mais, pendant un assez long espace de tems, le zèle des historiens et des voyageurs semblait s'être ralenti. Depuis quelques années il s'est ranimé, et cependant l'Europe ne possède véritablement point encore un seul ouvrage qui présente sous un même coup d'œil l'état actuel du pays que nous allons décrire, et ce qu'il était jadis. Southey a écrit une excellente histoire, où il rend compte avec exactitude des révolutions qui ont tourmenté l'Amérique-Portugaise; il donne des détails sur les indigènes; néanmoins il fait bien peu prévoir les destinées auxquelles cette vaste contrée se trouve appelée par les ressources qu'elle a en elle-même. M. Alphonse de Beauchamp, en marchant sur les traces de l'auteur anglais, a donné un ouvrage intéressant pour ceux qui connaissent le Brésil, mais auquel on peut reprocher des détails romanesques sur l'histoire naturelle et les mœurs des sauvages : il parle des différentes tribus et de leurs coutumes, comme si elles n'avaient pas subi de notables changemens, et il semble qu'il ait ignoré que la plupart des grandes nations se sont anéanties en faisant de vains efforts pour chasser les conquérans, tandis que les autres ont en grande partie subi le joug de la civilisation. En lisant cet ouvrage, d'ailleurs estimable, le voyageur peut facilement rectifier des erreurs qui se sont glissées relativement à l'époque de l'existence des anciens Brésiliens ; il peut reporter au tems passé ce qui se trouve indiqué pour l'époque actuelle ; mais le lecteur qui n'a jamais parcouru le pays qu'on veut lui faire connaître, est obligé d'avoir une confiance aveugle dans les faits que l'historien lui présente ; et l'on sent qu'il doit en résulter des erreurs très-graves. Deux personnes qui ont long-temps résidé au Brésil se sont occupées cette fois de rassembler des détails généraux sur cette riche partie de l'Amérique-Méridionale. Aidées par différens voyageurs, pour les provinces qu'elles n'out pas été à même de parcourir, elles donnent une description générale du Brésil, et elles se sont efforcées d'y répandre tout l'intérêt dont elle était susceptible.

Pour offrir au public un ouvrage qui, sous une forme agréable, fût en même tems utile, il a fallu adopter un plan qui présentât ses différentes parties dans l'ordre qu'elles doivent garder entre elles. Le premier volume, formant en quelque sorte l'introduction, contient des détails généraux sur l'histoire, la géographie, l'histoire naturelle, ainsi que les mœurs des anciens indigènes. Les autres volumes comprennent la description détaillée de chaque capitainerie, qui nécessairement présentera une grande variété: ainsi, l'on a réservé pour Rio-Janeiro, Bahia et Pernambuco, les documens recueillis sur les mœurs de la haute classe de la société, la différence apportée aux coutumes nationales par leur contact avec celles des étrangers; le régime actuel des noirs, la manière dont ils sont traités, les usages qu'ils ont apportés de leur pays, et qu'ils conservent au Brésil plus que dans toute autre colonie. En parlant de Saint-Paul, on fait connaître le caractère de ses intrépides habitans, qui les premiers explorèrent l'intérieur du Brésil. Le Paranna et l'Uruguay, annexés pour ainsi dire à ce royaume, sont décrits comme formant l'empire guaranis ; et les chapitres où l'on parle de Sainte-Catherine et de Rio-Grande du sud, sont principalement consacrés à faire connaître la manière dont sont élevés les troupeaux immenses destinés à l'approvisionnement de tout le pays.

Dans la province de l'intérieur, et particulièrement en parlant de Minas-Geraës, on explique la manière dont se lavent les sables aurifères, les procédés pour tirer le diamant du Cascalhaon où il se trouve renfermé. Mato-Grosso, Goyas, sur lesquels les voyageurs gardent presque toujours le silence, offriront quelques détails nouveaux sur des sauvages dont on ne connaissait guère que le nom, et qui par leur existence en corps régulier de nation, forment une espèce de phénomène social, digne de toute l'attention de l'observateur.

La côte orientale où Pedralvez-Cabral aborda, est presque entièrement dominée par d'autres peuplades sauvages, que l'on rencontre en s'avançant à quelques lieues dans les terres; et c'est au milieu d'elles que l'on peut étudier la différence effrayante que la civilisation a mise entre les hommes. Livré encore à l'horrible coutume de l'anthropophagie, le Bouticoudo offre dans son caractère l'étonnant assemblage de l'innocence et de la cruauté.

En passant sur la côte de Pernambuco, le spectacle change entièrement; la nature n'est plus la même; les mœurs présentent également une différence sensible. Ce ne sont plus des montagnes couvertes d'une riche végétation, des forêts immenses, dominées par des tribus errantes; la nature conserve encore sa vigueur, mais les bois sont remplacés par de vastes campagnes quelquefois stériles, où les regards du voyageur ne sont distraits que par les nombreux troupeaux qui y cherchent leur nourriture. Dans ce pays, le peuple est pasteur ; mais il s'occupe aussi de l'agriculture, et son activité surpasse celles des habitans du Brésil en général. Descendant en grande partie des blancs et des indigènes, il forme, pour ainsi dire, une classe d'hommes à part, dont nous indiquerons le caractère distinctif.

La description du Maranham, du Piauhy, et de l'immense Para, termine l'ouvrage; et parmi les choses les plus importantes, on s'est occupé surtout de tracer d'une manière intéressante le cours de l'Amazone.

Pour satisfaire entièrement les personnes qui chercheront un but d'utilité directe dans la lecture de cet ouvrage, les deux auteurs ont cru devoir se partager le travail, d'après les documens qu'ils ont recueillis chacun de son côté; ainsi, M. H. Taunay, après avoir donné la partie historique du premier volume, s'est chargé de faire connaître Rio-Janeiro, les améliorations qui s'y sont fait sentir depuis quelques années, et enfin les mœurs de ses habitans. Ayant également été à Pernambuco, il trace le tableau de cette capitainerie et de sa capitale : il décrit aussi Maranham, Seregippe-d'el-Rey, Espiritu-Santo, ainsi que quelques autres provinces.

M. Ferdinand Denis, qui s'est avancé à quelque distance dans l'intérieur, a mis à profit les observations qu'il y a faites. Dans le premier volume, il s'est chargé de la géographie, de l'histoire naturelle, et des mœurs des anciens indigènes.

Dans les autres, il décrit Saint-Paul, Sainte-Catherine, Rio-Grande, Minas-Geraës, Mato-Grosso, Goyas, Bahia et sa capitale, Porto-Seguro, où existent les sauvages qu'il a été le plus à portée de voir ; Rio-Grande-do-Norte, Para et plusieurs autres provinces moins considérables du nord et du sud. Les deux collaborateurs se sont étudiés surtout à ne présenter que des faits recueillis par eux-mêmes ou par des hommes instruits, dont la véracité soit bien connue.

On se persuadera facilement que, pour parvenir à un but semblable, il était nécessaire de faire un choix parmi les auteurs qui devaient fournir des matériaux; ainsi, pour la partie historique, on s'est aidé de Southey, de Beauchamp, d'Herreira et de Barlœus, auteur contemporain, d'après lequel plusieurs noms ont été rectifiés (1). Pison et Marcgraw,

(1) On observera que tous les noms ou les mots de la langue des indigènes ont été écrits selon l'orthographe portugaise, et que la voyelle *u* doit se prononcer *ou*, comme dans l'espagnol et l'italien On a écrit aussi indistinctement Paraïba et Parahyba, selon les deux orthographes portugaises. Quant à Pernambuco, on a cru

qui avaient entrepris de longs voyages par ordre de Guillaume de Nassau, et dont il reste un ouvrage fort estimé écrit en latin, ont fourni, ainsi que d'Azara et plusieurs autres auteurs, ceux des détails d'histoire naturelle que nous n'avons pas été à même de recueillir. Pour peindre les mœurs des sauvages telles qu'elles étaient autrefois, il était important de n'adopter que les relations de gens qui eussent bien observé à cette époque. Handstade, Claude d'Abbeville, Vas-de-Caminha et Lery, ont été surtout consultés. Ce dernier, excellent observateur et bon historien, se fait distinguer par des aperçus lumineux, qui le rendent supérieur aux voyageurs de son époque : sa naïveté surtout est un sûr garant de son exactitude.

---

devoir rétablir son véritable nom,. quoiqu'en France on ait encore l'habitude de prononcer Fernambouc.

On se plaît ici à rendre hommage à la *Corografia brasilica*, publiée il y a quelques années à Rio-Janeiro ; elle a servi toutes les fois qu'il a été question d'éclaircir quelques points de géographie, ou de décrire même des capitaineries sur lesquelles les voyageurs avaient jusqu'à présent gardé le plus profond silence.

L'excellente notice de M. Malte-Brun, dans sa traduction du voyage de Barow, Thomas Lendley, Macarthney, M. Maw, M. Coster, et enfin le prince de Newied, nous ont été d'une grande utilité. Le dernier de ces voyageurs est l'un des plus exacts, et surtout le plus intéressant.

Dans les gravures qui ornent cet ouvrage, on s'est attaché surtout à retracer avec exactitude la nature du pays ; M. H. Taunay a dessiné sur les lieux la plupart des vues de Rio-Janeiro, de Bahia et de Pernambuco. Les cérémonies des anciens sauvages sont retracées d'après les gravures en bois de Lery, et l'on a mis à contribution celles du prince de Newied et de Maw, toutes les fois qu'on a voulu retracer les scènes remarquables qui se passent dans les mines ou les immenses forêts de l'intérieur.

C'est à une époque où le Brésil attire les yeux de toute l'Europe, que M. H. Taunay et M. Ferdinand Denis ont cru devoir offrir leur ouvrage au public ; on se convaincra en le lisant que ce beau pays doit parvenir au plus haut degré de prospérité.

LE BRÉSIL.

CHAPITRE PREMIER.

Progrès de la navigation chez les Portugais. Histoire de la découverte du Brésil.

DEUX peuples voisins et rivaux, les Portugais et les Espagnols, eurent presque seuls part aux découvertes maritimes qui font du quinzième siècle une des plus mémorables époques que puissent offrir les annales du monde; les premiers eussent même acquis toute la gloire de faire connaître l'Amérique aux nations, si, par une négligence qui peut à peine se concevoir, la cour de Lisbonne n'eût forcé Christophe

Colomb à offrir ses services au roi d'Espagne : ils en furent bien punis lors de l'apparition de ce hardi navigateur dans le Tage, au retour du voyage qui constatait d'une manière incontestable la validité de ses offres.

On sait combien cet homme célèbre eut à souffrir de délais de la part de Ferdinand et d'Isabelle, et que ce ne fut qu'après huit ans de sollicitations infructueuses, et sur le point de s'embarquer pour l'Angleterre, qu'ils acquiescèrent enfin à ses propositions, et firent équiper une petite flotte avec laquelle il prouva l'existence du monde nouveau qu'il avait pressenti, en y abordant vers l'année 1492, après une traversée féconde en dégoûts de tous genres.

Personne n'ignore non plus combien les souverains dont il avait si fort accru les possessions furent ingrats à son égard, et qu'au mépris d'un contrat authentique il fut dépouillé, contre toute justice, des avantages qui y étaient stipulés pour lui et ses descendans : comme les peuples qu'il avait visités le premier, il échangea de l'or contre des fers!

Le génie d'un mortel le fit aborder dans la partie septentrionale de l'Amérique. Ce nom atteste une des plus criantes injustices qui signalèrent la découverte du nouveau monde, et dont Colomb fut encore la victime, Améric Vespuce, gentilhomme florentin, ayant eu l'impudence de se l'attribuer, et les peuples la crédulité d'y souscrire. Dans un ouvrage qu'il publia sur cette terre nouvelle, et qui eut alors beaucoup de vogue, il disait qu'à la vérité Colomb avait trouvé les îles qui en dépendent, mais que lui, Améric Vespuce, avait visité le continent avant qui que ce fût. Le fait est qu'il faisait partie du premier voyage de Colomb, et qu'il ne retourna dans ces parages, à la tête d'une expédition, qu'en 1499 : or, dès l'année précédente, Christophe Colomb avait reconnu l'embouchure de l'Orénoque. Le préjugé a tellement consacré la dénomination d'Amérique,

que, malgré l'indignation générale, celle de Colombia, que veulent y substituer les Etats-Unis, ne parviendra peut-être pas à se populariser.

Une autre erreur a fait appeler improprement *Indes-Occidentales* ces vastes régions : celle-ci tient à ce que, dans son plan de découvertes, Colomb pensait ne devoir rencontrer qu'un prolongement des Grandes-Indes, vers lesquelles se tournait alors l'ambition de tous les peuples. Ce ne fut qu'après avoir doublé le Cap-Horn, et reconnu toute l'étendue de la côte vers la Mer du Sud, que l'on fut désabusé. Le nom d'Indiens que l'on donne aux naturels est donc appliqué à faux ; mais il est aussi tellement sanctionné par l'usage, qu'il sera plus durable que les races qui le portent. Nous éviterons toutefois de nous en servir dans le cours de cet ouvrage en parlant des peuplades indigènes.

Un heureux hasard procura aux Portugais la rencontre des côtes de l'Amérique-Méridionale, connues aujourd'hui sous le nom de Brésil ; mais comme ce fut une conséquence des progrès étonnans qu'ils avaient fait faire à l'art de la navigation dans lequel ils furent les maîtres de Colomb lui-même, et en quelque sorte un épisode à l'histoire de leurs travaux maritimes, l'honneur de cette importante découverte ne leur en appartient pas moins. Ici se contracte l'obligation de rappeler succinctement l'origine et le cours de tant de succès qui étonnèrent l'Europe, et eurent une influence marquée sur ce siècle fécond en événemens, et qui fut comme la première aube de la renaissance des sciences et des beaux-arts.

L'expulsion des Maures du Portugal avait donné au roi de ce petit pays une prépondérance, et à toute la nation une force et une activité dont l'ensemble peut être considéré comme la source de cette prospérité à laquelle parvint la monarchie. A dom Henry se rattache le premier chaînon de la glorieuse série de recherches et de découvertes maritimes, dont le succès contribua surtout à la porter au plus haut point de splendeur.

Ce prince, qui eut pour devise, *Désir de faire le bien*, était le quatrième des fils de Jean Ier et de Philippine de Lancastre, sœur de Henry IV, roi d'Angleterre. Etant encore très-jeune, il se distingua comme guerrier dans l'expédition de Barbarie où il accompagna son père. Chaste de mœurs, et dévoré d'ardeur pour les sciences, particulièrement pour l'astronomie et la géographie, il quitta en 1415 le séjour de la cour, et se retira à Sagres, port de mer du petit royaume des Algarves, où la solitude et la vue de l'Océan-Atlantique firent naître et accrurent en lui le désir passionné de découvrir des terres nouvelles le long des côtes d'Afrique, où sous le règne de son père les Portugais avaient enfin doublé le *Cap-Non*, que l'on avait regardé jusque-là comme la limite de la terre.

Il intéressa pour l'exécution de son projet favori tous les hommes recommandables par leurs connaissances, qui voulurent l'aider de leurs conseils ou de leur pratique. Il eut bientôt à sa disposition un corps de marine imposant pour cette époque reculée, et entièrement dévoué à ses ordres. La découverte des îles de Porto-Santo et de Madère fut, en 1419 et 1420, le résultat de tant de soins et de dépenses. L'avantage que le Portugal retira de cette dernière ne se fit pas attendre long-tems, puisque du vivant même de dom Henry elle fut meublée par ses soins vigilans de vignes du terroir de Chypre, dont le vin est un des meilleurs du monde, et de cannes à sucre de Sicile, qui de là ont été transportées au Brésil.

Les Portugais doublèrent bientôt le Cap-Boyador, et s'avancèrent dans les tropiques. En peu d'années ils découvrirent la rivière de Sénégal et toute la côte jusqu'au Cap-Vert.

Connaissant l'esprit de son siècle, dom

Henry sollicita et obtint de la cour de Rome un droit religieux et exclusif sur tous les pays que les Portugais pourraient rencontrer jusqu'aux Indes où il ambitionnait de s'ouvrir une route nouvelle. Telle était l'idée que l'on avait alors du pouvoir des papes, que les catholiques ne doutaient nullement que les successeurs de saint Pierre ne dussent exercer leur juridiction sur tous les Etats de la terre. Rome moderne, quoique déchue du haut degré de puissance où elle atteignit sous l'empire de la tiare, était encore la maîtresse du monde. C'est ainsi que l'on vit depuis un souverain pontife tracer du fond du Vatican une ligne de démarcation entre les vastes possessions des Espagnols et des Portugais dans l'Amérique méridionale ; ligne imaginaire qui sert encore de prétexte aux hostilités de ces deux peuples qui, limitrophes dans le nouveau monde, comme ils le sont dans l'ancien, ont gardé l'un pour l'autre une haine héréditaire.

A la faveur d'une bulle qui sanctifiait en quelque sorte ses projets, dom Henry leur donna plus d'extension et de crédit chez les peuples de la chrétienté. Alors les plus habiles marins de toutes les autres nations briguèrent du service sur ses flottes, et rivalisèrent de zèle pour l'illustration de leur patrie adoptive. Il se forma de plus entre les commerçans des associations pour concourir à la recherche des pays inconnus, de sorte qu'avant la mort de dom Henry, qui arriva en 1463, on avait découvert les îles du Cap-Vert et les Açores, dont l'éloignement de tout continent prouve les progrès qu'avait déjà faits la navigation sous ses auspices.

Sous Alfonse, qui régnait en Portugal quand mourut dom Henry, on traversa la ligne équinoxiale; et ce fut alors qu'on acquit la certitude que la zone torride, regardée par les anciens comme inhabitable, était cependant peuplée, et que, rafraîchie par des vents plus forts et plus réglés que ne le sont ceux des zones tempérées, les Européens y pouvaient vivre sans danger. Ce prince ralentit néanmoins le zèle des aventuriers pour les entreprises commerciales, en accordant au seul Fernand Gomès le droit de trafiquer dans ces parages.

Jean II travailla avec ardeur à faire fleurir tant de pays récemment annexés à sa couronne : il bâtit des forts sur différens points de la côte, et sut établir des gouvernemens qui, encore aujourd'hui, donnent aux Portugais de grandes facilités pour le trafic des nègres. Ce fut sous son règne que Barthélemy Dias, après avoir reconnu une grande étendue de côtes, et avoir éprouvé des tourmentes furieuses, arriva en 1448 jusqu'au cap qui forme la pointe de l'Afrique, et auquel il donna le nom de *Cap des tempêtes*. Jean II, dans le ravissement que lui causa la relation de ce voyage, voulut qu'on l'appelât *Cap-de-Bonne-Espérance;* car le grand problème allait être résolu, et tout présageait que cette route tant désirée pour se rendre aux Indes-Orientales était enfin trouvée. Ce prince en avait une assurance d'autant mieux fondée, qu'il avait envoyé par l'intérieur de l'Afrique deux hommes versés dans la connaissance des langues qu'on y parle, pour qu'ils prissent des renseignemens sur sa position, relativement à celle des Grandes-Indes, et sur la nature du commerce qui s'y faisait entre ces deux pays. L'un et l'autre y périrent ; mais le résultat de leurs observations, qui venait parfaitement à l'appui des conjectures de leur souverain, lui fut transmis par des correspondans juifs. Tant de probabilités procurèrent à ce prince un désir passionné de les réaliser, qui le poursuivait sans relâche. Il mourut cependant sans avoir eu cette satisfaction, tant furent longs les préparatifs qu'il fallut faire pour équiper la flotte destinée à cet important voyage.

Toute l'Europe avait les yeux fixés sur cette nation qui, confinée à l'une de ses extrémités, et n'occupant qu'un si petit territoire, étendait ses ramifications sur tant de points, et reculait les bornes du monde. Venise trembla de perdre le monopole du commerce des Indes, source de toute sa prospérité.

A Vasco de Gama, sous le règne fortuné d'Emmanuel, fut réservée la gloire de doubler en 1497 le Cap-de-Bonne-Espérance, et, après avoir visité Melinde, d'aborder enfin au royaume de Calicut le 22 mai 1498. Tous les avantages qui résultèrent de cette expédition pour le Portugal ne sont pas du ressort de notre sujet auquel nous sommes amenés naturellement, puisque ce fut en cherchant ce même royaume de Calicut, que Pedralves Cabral, amiral portugais, auquel dom Emmanuel en avait donné la commission, ayant pris très au large pour éviter les calmes que procure le voisinage des côtes d'Afrique, se trouva le 21 avril 1500 en vue des côtes qui appartiennent au Brésil.

Trois gros vaisseaux et dix caravelles

composaient sa flotte. Il commença par s'assurer que cette terre, qui se trouvait par les 17° de latitude sud, était un continent et non une île de l'Atlantique, comme il l'avait d'abord supposé. La côte affectait la forme d'une montagne arrondie à son sommet, et environnée de collines que l'on a reconnues depuis être une ramification de la grande chaîne des Aymorès. Il la nomma *Monte-Pascoal* (mont pascal), à cause de l'octave de Pâques dans laquelle on se trouvait. Il appela le continent *Vera-Cruz* (vraie croix). Il est bon de remarquer que presque tous les navigateurs de ce tems, mûs par les raisons d'un catholicisme exalté, prenaient assez ordinairement leurs dénominations dans la légende des saints. A celle de Vera-Cruz fut bientôt substitué le nom de Brésil, à cause du précieux bois de teinture qui le porte, et qu'on trouva en grande quantité.

Cabral n'ayant pu prendre terre en ce lieu à cause d'une bourrasque qui s'éleva, fit remonter son escadre vers le nord, et, après avoir reconnu l'embouchure d'un fleuve à environ dix lieues, il mouilla dans une anse qu'il nomma *Porto-Seguro* (port sûr) (1). Ceux de ses gens qui furent envoyés à la découverte du pays, rapportèrent qu'il était agréable, fécond en herbages, en fleurs et en grands arbres, qu'il y avait abondance d'eau douce, et qu'ils avaient vu des hommes basanés, dont les cheveux étaient longs et non crépus, lesquels marchaient le long du rivage, armés d'arcs et de flèches.

De nouveaux explorateurs amenèrent sur la flotte deux sauvages qu'ils avaient surpris dans une petite barque. On les trouva si grossiers qu'ils semblaient ne rien comprendre aux signes qu'on leur faisait. Cabral ordonna de les revêtir d'une saie, de les parer de colliers et brasselets de lai-

---

(1) Quelques géographes l'appellent aussi, et avec raison, *Bahia Cabralia*, Baie Cabralienne.

ton ou de verroterie, et de les munir de petits miroirs, ce qui parut les émerveiller et les tirer de leur stupidité. Ainsi affublés, on les mit à terre, où ils ne tardèrent pas à être entourés d'une foule des leurs auxquels ils firent voir ces joyaux. Bientôt on les vit se disperser et revenir chargés de vivres et de fruits qu'ils conduisirent à bord des navires dans leurs canots. On leur donna en échange des bagatelles d'Europe; pour eux, ils semblaient ravis d'admiration à la vue des Portugais et des présens qu'ils en recevaient. Hélas! ils y trouvèrent la boîte de Pandore!

Voyant la simplicité des mœurs de ce peuple, Cabral fit descendre à terre la plus grande partie de son monde; et, après avoir fait dresser un autel sous un massif d'arbres élevés, il commanda qu'on y célébrât le service divin et qu'on y prononçât un sermon. Les indigènes assistèrent pêle-mêle à ces cérémonies, s'agenouillant comme ils le voyaient faire aux chrétiens, et paraissant émus de la majesté des mystères religieux. (*Voyez la gravure en regard.*) Après ces actions de grâces envers l'Eternel, Cabral regagna ses chaloupes, non sans être entouré de ces bons sauvages qui, par leurs chants, leurs danses et les flèches qu'ils lançaient continuellement dans les airs, manifestaient leur contentement. On en vit entrer dans l'eau jusqu'à la poitrine; d'autres, comme des tritons, accompagner les bateaux à la nage; d'autres, enfin, les précéder ou les suivre dans leurs pirogues.

Pendant sept ou huit jours qu'il resta à Porto-Seguro pour y faire de l'eau et se ravitailler, Cabral ne cessa d'avoir des relations amicales avec ces indigènes; mais, ne voulant pas interrompre davantage son voyage, il expédia le navire des approvisionnemens pour Lisbonne afin d'apprendre ces heureuses nouvelles à dom Emmanuel. Il ne quitta pas le pays sans y faire planter un poteau aux armes du roi de

Première Messe au Brésil.

Portugal, et laissa de plus deux bannis qui vécurent parmi les sauvages de cette tribu, et servirent par la suite d'interprètes à ceux de leur nation qui vinrent aborder en ce lieu.

On prétend que Gaspard de Lémos, qui commandait le navire retournant à Lisbonne, avait reçu de Cabral l'ordre de s'assurer jusqu'à quelle hauteur se prolongeait cette terre vers le nord; au moins est-il probable qu'il la vit souvent jusqu'au Cap-Saint-Augustin. Les deux naturels qu'il conduisit en Europe, et qu'il présenta au roi, sont une preuve qu'il aborda en un lieu quelconque depuis Porto-Seguro, puisqu'ils n'étaient pas de la race qui avait si bien accueilli Cabral.

Dom Emmanuel apprit avec une vive joie l'existence de ce nouveau continent, et voulant s'en mettre en possession le plus tôt possible, il expédia une petite flotte sous les ordres de Gonzalo Coëlho, qui partit probablement du Tage vers l'an 1501, et qui rencontra dans le port de Bézenègue (1) Cabral revenant des Indes.

Coëlho fut suivi de près par une autre escadre composée de six caravelles, ayant la même destination et commandée par Christovam Jacques. Ce navigateur explora avec soin tous les havres, les embouchures de fleuves, les caps et les écueils qu'il rencontra le long des côtes sur la route qu'il suivit jusqu'au Cap-des-Vierges, à l'entrée du détroit de Magellan, ne manquant pas de planter, dans tous les lieux où il crut devoir aborder, des poteaux aux armes de son souverain. Quatre de ses caravelles ayant naufragé, il établit à Porto-Seguro une colonie composée des gens de leur équipage qui purent se sauver, la laissant sous la direction de deux Francis-

(1) Bézenègue, qu'on suppose être l'île de Gorée, gisant par les 11° 40' 10" de latitude nord du Cap-Vert

cains. Il retourna en Portugal avec ses deux bâtimens chargés de bois de Brésil.

En 1503, Affonso d'Albuquerque avait abordé vers le milieu de la côte de Vera-Cruz avant que Christovam Jacques y fût arrivé. Il ne dit pas à quelle latitude il se trouvait alors, rapportant seulement qu'il y remarqua beaucoup d'arbres à casse et à teinture qui fournirent dès le principe un objet lucratif d'exportation.

La plupart des expéditions destinées pour les Indes allèrent reconnaître le Brésil. En 1510, un bâtiment portugais se perdit à l'entrée de la Baie de Tous-les-Saints; une partie de l'équipage se sauva, puisque, vingt-cinq ans après, neuf matelots qui en avaient fait partie vivaient encore parmi les naturels.

Juam Dias de Solis, grand pilote de Castille, parcourut en 1515 toute l'étendue de la côte depuis le Cap-Saint-Augustin jusqu'au fleuve connu aujourd'hui sous le nom de *Rio de la Plata*, et qu'il appela alors *Rio-Solis* ou *Fleuve Solis*. Le premier des Européens, il entra dans la baie de Rio de Janeiro, que les indigènes appelaient dans leur langue *Ganabara*. On sait que cet infortuné périt, avec quelques hommes de sa suite, à l'embouchure du Rio-Paraguay, et qu'ils furent tous dévorés par ces anthropophages en vue même de ses deux vaisseaux qui allèrent, après sa mort, charger du bois de Brésil à Pernambuco, qu'ils portèrent en Espagne.

La baie de Rio de Janeiro, qui ne porta ce nom que plus tard, fut ensuite visitée par une expédition anglaise sous les ordres de Fernando de Magalhanes et de Roys de Falleiro, Portugais tous les deux. Ils entreprenaient au nom de Charles Ier le premier voyage autour du monde qu'on eût encore tenté; ils l'appelèrent Sainte-Lucie. Elle est située sous le tropique du Capricorne.

Les Portugais commençaient à prendre pied au Brésil; ils y formaient des établissemens, faibles à la vérité, et souvent anéantis, mais qui, s'ils eussent été fondés avec un meilleur esprit, se fussent accrus avec rapidité. Malheureusement on jugea ce beau pays dénué de métaux précieux et de pierreries ; ce qui fit que le gouvernement et les particuliers n'y attachèrent bientôt plus l'importance qu'il méritait ; et, tandis que tout le monde courait se faire exterminer aux Indes, personne, de son plein gré, ne voulait passer au Brésil ; on fut même forcé d'y envoyer les proscrits et les victimes échappées aux auto-da-fé ; ce qui ne prouve pas qu'il ne fut peuplé primitivement que de malfaiteurs et d'hérétiques.

On crut devoir y transporter aussi les femmes de mauvaise vie dont l'autorité s'emparait pour en faire dans le nouveau monde les sources d'une population nécessaire. Si la nature n'était plus sage que les hommes civilisés, qu'aurait-on dû attendre de bon d'une pareille mesure ? Des faits multipliés ont prouvé depuis que la propagation de l'espèce humaine est d'autant plus rapide, que le lieu qu'on veut peupler a besoin d'un plus grand nombre d'habitans, et que d'une souche faible et empoisonnée sortaient alors des rameaux sains et vigoureux, tandis que, quand il commence à y avoir excès, la population n'augmente plus et tend plutôt à diminuer. Pour que ces observations puissent être faites exactement, il faut un état durable de paix; ce que n'obtinrent pas les colons qui s'établirent au Brésil : ils eurent des sujets de découragement dans l'animosité des indigènes, auxquels, à la vérité, l'on avait mal payé l'hospitalité qu'ils avaient généreusement accordée, et qui prirent en haine leurs injustes agresseurs. Il leur fallait soutenir un état habituel de guerre, ce qui ne permit pas de se livrer aux travaux agricoles : ce n'était donc que sur un faible négoce avec les sauvages que l'on pouvait faire quelques profits.

Il paraît que sous le règne de Jean III, Christovam Jacques établit un comptoir sur le canal qui sépare l'île d'Itamarica du continent, pour faciliter aux Portugais l'exploitation du bois de teinture et empêcher les autres nations d'y venir trafiquer.

En 1526, Diogo Garcia, Portugais au service de l'Espagne, visita les côtes du Brésil pour se rendre à l'embouchure du fleuve Solis. S'étant trouvé sur les bas-fonds des Abrolhos, il mouilla dans la baie de Saint-Vincent; un colon portugais lui procura des rafraîchissemens, et chargea son gendre de lui servir d'interprète au lieu de sa destination. Il jeta ensuite l'ancre dans l'île des Canards, aujourd'hui Sainte-Catherine, où les indigènes se plaignirent vivement à lui de Sébastian Cabot, qui avait eu l'ingratitude de leur enlever un grand nombre de leurs enfans, malgré la manière franche et hospitalière dont ils l'avaient reçu.

Diogo Garcia mouilla en 1527 à peu de distance de l'embouchure de l'Uruguay; il y rencontra les bâtimens de ce même Cabot qui, revêtu par Charles-Quint de la charge de pilote de Castille, avait mis à la voile de Cadix pour se rendre aux Moluques par le détroit de Magellan. Ayant appris que ce navigateur était allé jusqu'au fleuve Solis, il se porta lui-même avec ses plus légers bâtimens bien au dessus du confluent de la Paranna, où Cabot achevait de construire le fortin de Saint-Pierre ; ils changèrent, d'un commun accord, le nom de Rio-Solis en celui de Rio de la Plata, ou fleuve d'argent, pour avoir vu quelques morceaux de ce métal entre les mains des naturels.

Garcia, à son départ de Sainte-Catherine, n'avait pris avec lui qu'une soixantaine d'hommes sur deux bricks pour finir son voyage, et avait envoyé le plus gros de ses navires à la baie de Saint-Vincent, où le colon qui l'avait accueilli lui avait fait préparer une cargaison pour Lisbonne. La nouvelle que les Espagnols formaient des établissemens sérieux sur la rivière de la Plata s'étant répandue en Portugal, on craignit qu'ils ne cherchassent à s'étendre vers l'est de l'Uruguay, qu'on supposait se confondre avec la ligne de démarcation tracée par le pape Alexandre VI entre les possessions portugaises et espagnoles. Cette appréhension détermina Jean III à expédier vers 1531, pour le nouveau monde, une flotte dont il confia la conduite à Martin Affonso de Souza, lui donnant l'ordre de bâtir des forts sur les principaux points du Brésil et de distribuer des terres à tous ceux qui voudraient s'y établir. La flotte reconnut le Cap-Saint-Augustin, longea la côte et vint mouiller dans la Baie de Tous-les-Saints. Là se trouvaient deux bâtimens français dont l'amiral portugais jugea à propos de s'emparer, comme y trafiquant illégalement; il fit même partir immédiatement son frère Lopès de Souza pour en donner avis à sa cour. S'étant remis en mer, il relâcha à Porto-Seguro pour y prendre des rafraîchissemens, et pénétra ensuite dans la baie de Sainte-Lucie, dont il changea le nom en celui de

Rio de Janeiro (1), ou fleuve de janvier, parce qu'il y était venu mouiller le 1er janvier 1532. Ici l'on ne peut s'empêcher de trouver extraordinaire qu'un marin aussi célèbre ait pu prendre pour l'embouchure d'un fleuve une ouverture qui forme évidemment l'entrée d'une baie, et cela après que d'autres navigateurs avaient déjà fourni sur elle des notions exactes. Un certain nombre de petites rivières viennent à la vérité se dégorger dans son orifice ; mais aucune d'elles n'est assez considérable pour motiver cette dénomination. Continuant sa course, il s'éloigna le moins possible de la côte, et, le calendrier en main, baptisa les lieux les plus remarquables, donnant à chacun le nom du saint dont le quantième consacrait la fête.

---

(1) Les Tupinambas nommaient Ganabara la baie de Rio de Janeiro qu'ils habitaient quand les Européens y vinrent ; le hasard seul a donné à ces deux noms une analogie qui d'ailleurs est bien peu sensible.

Arrivé à la hauteur de Saint-Sébastien, il se rendit à la factorerie qui déjà y florissait, et dont il était naturel qu'il cherchât à prendre connaissance; il l'accrut considérablement en y distribuant des terres aux colons qu'il avait conduits d'Europe pour peupler le Brésil. Il paraît que son dessein primitif avait été de les établir vers le nord, mais qu'il se détermina plus tard à les installer au sud : fut-il conduit à cela par le voisinage de la factorerie de Saint-Vincent, ou par la plus grande fertilité des terres? c'est ce qu'il est difficile d'éclaircir.

Il employa plus d'un an dans ces parages à terminer plusieurs opérations, et notamment à reconnaître la côte jusqu'à la rivière de la Plata où il se trouvait en 1533, vers le tems où le soleil atteint le tropique du capricorne, et le quitte bientôt pour retourner vers l'équateur; particularité sur laquelle il demanda des renseignemens au docteur Pedro Nunhès à son retour en Portugal.

N'ayant rencontré aucun établissement espagnol sur la côte du Brésil, il se hâta de revenir à la colonie établie à l'entrée méridionale de la baie de Santos, et l'augmenta de quelques colons à qui il fit, selon les ordres du roi, des concessions de terrain considérables. On pense qu'il n'avait pas encore quitté le Brésil, quand y arriva le massacre par les Carijos de quatre-vingts Portugais envoyés à la conquête des mines de Cannanea, nouvellement découvertes.

Il dut quitter le Brésil au printems de l'année 1534 pour se rendre en Portugal, d'où il fut envoyé aux Indes avec le titre d'amiral. Ici se termine l'historique de la découverte : dans le chapitre suivant nous parlerons du partage des côtes en capitaineries, et des tentatives faites par les Français pour s'emparer de quelques points de cette riche et vaste colonie.

CHAPITRE II.

Partage du Brésil en capitaineries. Tentatives des Français pour s'en emparer.

Les établissemens coloniaux qu'avaient formés les Portugais au Brésil jusqu'en 1532, n'avaient rien de coordonné à un plan général; ils dépendaient du caprice des chefs d'expédition que le gouvernement envoyait. L'expérience ne tarda pas à prouver qu'il fallait un autre ordre de choses, et que la cupidité des étrangers tenterait d'en dépouiller la métropole.

L'escadre d'observation prit vers ce tems un bâtiment de Marseille qui, après avoir chargé du bois de Brésil à Pernambuco, avait été ruiner le comptoir d'Itamarica, et avait débarqué et laissé dans le pays une soixantaine de Français pour y former un établissement analogue à celui qu'ils venaient de détruire.

Le roi Jean III, en ayant appris la nouvelle, donna à Duarte Coëlho Pereira, la commission expresse de les expulser. Cet officier battit en effet les nouveaux colons, ravagea leurs habitations qui déjà commençaient à prospérer, et rétablit près de la rivière d'Iguarassu le comptoir portugais qui prit un assez rapide accroissement.

Considérant que les Espagnols tentaient de s'établir au Paraguay, et que les Français faisaient des efforts pour s'emparer du nord du Brésil, depuis Pernambuco jusqu'à la Baie de Tous-les-Saints, la cour de Lisbonne prit la résolution de peupler définitivement l'Amérique portugaise. Pour rendre plus facile l'exécution de ce projet, on mesura des espaces de côtes de cinquante lieues environ, auxquelles on donna le nom de capitaineries; le roi en distribua, à titre de fiefs héréditaires, aux grands vassaux de la couronne, selon son bon plaisir, ou en récompense de services rendus à l'Etat; ceux qui reçurent ces apanages s'engagèrent de leur côté à les peupler de familles portugaises qu'ils y conduiraient et établiraient à leurs frais.

L'historien Jean de Barros donne les noms des neuf premiers donataires à la tête desquels figure le sien : Joam de Barros, Duarte Coëlho Pereira, Francisco Pereira Coutinho, Iorges de Figueredo Correa, Pedro do Campo Tourinho, Vasco Fernandès Couthino, Pedro de Goes, Martin Affonso de Souza, et son frère Pedro Lopes de Souza. Il prétend qu'il fut institué douze capitaineries, mais ne dit pas quels furent les possesseurs des trois autres. Cette mesure fit prendre quelque consistance aux établissemens de Saint-Vincent, Santo-Amaro, Tamaraca, Paraïba, Esperitu-Santo, Porto-Seguro, Os Ilheos et Pernambuco.

Ces fiefs n'étant pas limitrophes, et

leurs habitans ne pouvant s'entr'aider efficacement dans les embarras qui survinrent, tant de la part des naturels que de celle des aventuriers européens, toutes ces provinces retournèrent par la suite au domaine de la couronne, et ne furent plus confiées qu'à titre de dépôt à des gouverneurs amovibles.

Les colons portugais ne tiraient cependant qu'un faible parti du travail des indigènes qu'ils avaient pu se soumettre, ces sauvages ayant un esprit d'indépendance qui leur rendait insupportable la gêne qu'il procure. Ce n'était qu'à force de tyrannie qu'on pouvait les y contraindre; et, comme à Saint-Domingue, des races entières ont été victimes de ce fléau nouveau pour elles!

La plupart, après avoir fait de vains efforts pour exterminer leurs impérieux seigneurs, désertèrent le séjour chéri des côtes, et derrière les forêts de l'intérieur allèrent jouir de la tranquillité, loin des hôtes cruels et insatiables que leur avait vomis l'Océan. Presque tous gardèrent un long ressentiment des exactions commises par les chrétiens.

Pour suppléer à cette défection générale, l'avarice des colons introduisit, en 1570, au Brésil les nègres d'Afrique sur le pied d'esclaves, ce qui assura aux indigènes, tout-à-fait méprisés dès ce moment, une liberté qu'ils eussent perdue infailliblement sans cette mesure. Il ne nous appartient pas de décider si l'introduction des noirs a été et sera toujours avantageuse à ce pays; il est à craindre qu'au bénéfice du moment on n'ait sacrifié l'intérêt de l'avenir; la résolution de ce problème a été faite d'une manière bien déplorable à Saint-Domingue. Puisse le Brésil se sauver d'une pareille destinée!

Les blancs, pouvant se passer des naturels comme travailleurs, dédaignèrent de les former à la civilisation; les jésuites pourtant firent de louables efforts vers ce but; mais les actions de leurs compatriotes démentant continuellement leur morale, ils perdirent presque tout le fruit de leurs peines, et l'ascendant qu'ils avaient obtenu, dès le principe, sur l'esprit de ces pauvres idolâtres.

San-Salvador, aujourd'hui Bahia, est situé dans la Baie de Tous-les-Saints, dont le nom de Reconcave qu'elle porte, donne une idée assez juste de son ampleur, de ses enfoncemens dans les terres, et des nombreuses îles qui la parsèment. Cette ville, long-tems la capitale du Brésil, fut fondée en 1449 par dom Thomas de Souza, premier gouverneur général de toute la colonie. Elle s'accrut assez vite; l'histoire de ses commencemens est un journal de massacres et de traités entre les blancs et les naturels, parmi lesquels les missionnaires jésuites jouaient le rôle de conciliateurs. Plusieurs ont été victimes de leur zèle pour la religion et l'humanité; leurs successeurs, sans en être découragés, finirent par acquérir au christianisme quelques-unes de ces tribus anthropophages. Le plus difficile de leur tâche fut de les détacher de l'horrible coutume de manger leurs prisonniers, tant était enraciné le préjugé qui leur cachait l'abomination de semblables festins. Les jésuites eurent enfin à leur disposition une milice aguerrie de sauvages baptisés, et qui figura souvent avec gloire dans les guerres que les colons eurent à soutenir contre les Hollandais. Nobrega et Auchieta, par leurs travaux apostoliques, ont été pour le Brésil ce que fut Las Casas pour l'Amérique septentrionale.

Il serait trop long de raconter, avec leurs détails intéressans, les expéditions des Portugais contre les peuples long-tems indomptés et enfin presque anéantis de leur vaste colonie. Ces fiers Européens ont été presque forcés à cette destruction pour avoir imprudemment attiré la haine d'hommes aussi vindicatifs dans leurs inimitiés qu'ils sont constans dans leur affection. Nous nous bornerons donc à retracer le plus brièvement qu'il sera possible les tentatives sérieuses faites par les Français et les Hollandais pour dépouiller le Portugal d'un si beau majorat, et qui toutes ont été vaines. Quant aux différends qui sont survenus relativement à ses limites entre les Espagnols et les Portugais; nous les passerons sous silence, les regardant comme des querelles de voisins riches et envieux dont on ne doit se mêler que lorsqu'un tiers en souffre. Les Anglais ont à la vérité paru hostilement sur la côte en 1592; mais comme ils ne voulaient que la ravager, et non s'y acquérir des possessions, nous n'en dirons rien; ils occupent assez de place dans l'histoire de l'Amérique du nord.

Nous entrons donc en matière par l'expédition des Français à Rio de Janeiro, qu'ils désignèrent par le nom pompeux de *France antarctique*.

La loi qui interdisait aux étrangers l'entrée du Brésil semblait légitimer seule tous les coups de mains et pirateries que les aventuriers y firent dans les premiers tems. Les Normands visitèrent souvent ces parages lointains, et, par des récits merveilleux de leurs exploits, et la vue des objets curieux qu'ils en rapportaient, ils enflammaient à leur retour l'imagination de leurs compatriotes.

Il se présenta, malheureusement pour la France, des tems orageux où l'émigration fut désirable : la réforme de Calvin donna naissance à une persécution féconde en tragédies plus effroyables que les sanglantes fêtes des cannibales. Un homme puissant étayait un faible parti ; c'était l'amiral de Coligny, qui plus tard en devint un des martyrs.

Son crédit servit, en 1554, à Durand de Villegagnon, vice-amiral de Bretagne, déjà distingué par plusieurs campagnes brillantes sur mer, pour l'exécution du projet qu'il avait formé de fonder une colonie à Rio de Janeiro au Brésil, et dont il disait vouloir faire un refuge et un asile pour les calvinistes. Il ne demandait au roi Henri II que deux vaisseaux bien munis d'artillerie et une somme de dix mille livres. L'amiral lui fit tout obtenir, ayant eu l'art de persuader à son souverain que cette possession deviendrait pour son royaume une source de richesses et de prospérité.

Il mit à la voile avec une suite qui répondait à l'importance de ses projets, et débarqua sur une plage à l'entrée de la baie et près de hauts rochers dont les marées le chassèrent ; alors, remettant à la voile, il pénétra dans ce bassin et s'avança environ une lieue du côté des terres. Une petite île inhabitée, plus longue que large, et défendue au loin par des bas-fonds, s'offrit à ses regards ; il la trouva propre à être fortifiée, la nomma Coligny, débarqua tout son monde et ses canons, et fit ériger une citadelle appelée encore aujourd'hui de son nom, Villegagnon.

Après avoir établi des relations avec les indigènes par l'entremise de quelques interprètes normands qu'il trouva fixés auprès d'eux par suite d'un naufrage, il s'occupa plus de pratiques religieuses dans son fort encore imparfait que du soin d'étendre et d'assurer ses conquêtes. Il écrivit bientôt en France, où il envoyait quelques sauvages au roi, pour que l'amiral de Coligny lui fit parvenir des secours dont il ne pouvait se passer, et manda en même tems à Genève qu'on lui envoyât des docteurs de l'église réformée. Une petite escadre, commandée par de Bois-le-Comte son neveu, lui amena les uns et les autres, et mouilla en mars 1555 près du fort Coligny. Outre quantité d'artisans de tous genres, Villegagnon reçut et accueillit quelques hommes zélés pour la propagation de l'Evangile, qui étaient partis de Genève et s'étaient embarqués sous la conduite d'un vieux gentilhomme appelé Philippe de Corgueilleray. Dès le premier jour, il fit travailler tous les nouveaux venus à l'achèvement de son fort, ne leur donnant qu'une nourriture insuffisante, et les obligeant à assister à des cérémonies religieuses et à des prédications. Ce chef, qui affectait l'autorité souveraine, se faisant toujours accompagné d'un page, était devenu si sévère et si vain, que sa domination fut bientôt insupportable. Les interprètes normands surtout, ne voulant pas se soumettre à la gêne qu'il commandait sous le rapport des mœurs, conspirèrent au nombre de vingt contre sa vie, et résolurent de le jeter à la mer : leur complot ayant été découvert, quelques-uns se réfugièrent chez les sauvages ; du nombre de ceux qui furent mis aux fers, l'un se noya en cherchant à s'échapper, et trois furent pendus. Loin de rendre Villegagnon plus doux, cette circonstance l'aigrit encore, et il montra dès-lors tout son caractère à nu. Ne tardant pas à abjurer le calvinisme, il redevint catholique romain, et prit à tâche de tyranniser ceux dont il devait être le protecteur ; il en vint au point de les bannir du fort qu'ils avaient aidé à construire. Jean de Léry, du nombre de ceux-ci, a écrit sur cette expédition un excellent ouvrage où il peint les mœurs des sauvages au milieu desquels il passa un an. C'est la source où presque tous ceux qui ont traité la même matière ont puisé, et nous ne ferons pas difficulté d'avouer que nous l'avons mis à contribution pour ce qui regarde les indigènes du sud de l'Amérique portugaise.

Persécutés dans les deux hémisphères, les calvinistes partirent pour la France, le 4 janvier, sur un bâtiment normand. Ils apprirent du capitaine que, sans l'abjuration de Villegagnon, il serait arrivé, dès l'année suivante, à la colonie plus de mille personnes, et que le nombre de ceux qui auraient suivi cet exemple eût mis les Portugais dans l'impossibilité d'expulser les Français d'une des plus belles positions commerciales du globe.

Le navire sur lequel ils s'étaient embarqués était si vieux et tellement percé par les vers, que dès le départ il faisait eau de la manière la plus effrayante, et même si le capitaine n'eût craint d'être abandonné de son équipage, il serait retourné à Rio, dont il n'était pas encore bien loin, pour le radouber ; il proposa néanmoins une chaloupe à ses passagers pour les reconduire à terre ; cinq d'entre eux acceptèrent sa proposition et retournèrent au fort. Villegagnon eut la barbarie d'en faire noyer trois, action qui lui valut le surnom de Caïn de l'Amérique pour y avoir répandu le premier le sang de ses compatriotes. Ceux qui continuèrent la route pour France, du nombre desquels était Léry, virent continuellement la mort de près; et, vers la fin d'un voyage de quatre mois, elle leur apparut sous la forme la plus effroyable, puisque la famine qu'ils éprouvèrent les porta à manger les cuirs des malles et des souliers. Le capitaine leur avoua, quand ils abordèrent en France comme par miracle, que si le voyage eût duré un jour de plus il était décidé à tuer l'un d'entre eux pour le faire servir à la nourriture des autres. Dans l'excès de leurs maux, ils en étaient venus au point de se lancer des regards animés des désirs les plus affreux. On peut conclure de là que la faim est le plus grand des supplices, puisqu'elle porte l'homme civilisé à cet excès de cruauté.

Echappés à ces dangers, les malheureux

protestans faillirent à être encore victimes de la perfidie de Villegagnon : il avait confié au capitaine un paquet cacheté contenant les pièces d'un procès contre eux, et requérant du premier juge qui les lirait de faire condamner et brûler ces hérétiques. Protégés par ceux auxquels on les dénonçait, chose étonnante dans ce siècle, ils en furent quittes pour une longue faiblesse, suite inévitable de leur pénible traversée.

Villegagnon, soit par inconstance, soit par la crainte qu'inspirent aux tyrans leurs subordonnés, quitta bientôt le fort Coligny et l'Amérique pour revenir en France, sous le prétexte que l'intérêt de la colonie l'y appelait. S'étant aliéné le parti des protestans, il ne trouva pas non plus de partisans parmi les catholiques, en sorte qu'étant, quelques années après son retour, dans sa commanderie de Beauvais, il apprit l'extinction totale de l'établissement qu'il avait fondé au Brésil, et mourut bientôt après.

On ne dit pas à qui il laissa le gouvernement de la colonie ; quoi qu'il en soit, il fallut aux Portugais des efforts longs et réitérés pour se rendre maîtres du fort Coligny. Mem de Sa, troisième gouverneur général du Brésil, en vint à bout en 1566, aidé des missionnaires Nobrega et Anchieta qui s'étaient fait suivre d'une foule de sauvages, habitans de Santos et de Saint-Paul. Les Français se retirèrent sur quatre bâtimens qu'ils avaient en rade, évacuèrent la baie, et, se dirigeant vers le nord du Brésil, firent une descente sur le récif qui ceint les côtes de Pernambuco où ils avaient espéré pouvoir s'établir ; ils en furent repoussés par les vigoureuses mesures que prit le gouverneur de cette province, qui les força d'abandonner enfin l'Amérique. La France perdit la perspective de posséder une colonie dans un des plus fertiles pays de la terre : quelle certitude n'eût-elle pas eu de s'y maintenir après l'avoir peuplé et fortifié, puisque l'on avait eu tant de peine à extirper de si faibles racines !

Mem de Sa, pendant qu'il était sur les

lieux, jeta les fondemens d'une ville à laquelle il donna pour patron saint Sébastien, sous la protection spéciale duquel avait été mise cette expédition. Telle est l'origine de Rio de Janeiro, devenue depuis la capitale du vaste royaume du Brésil au détriment de Bahia qui, ayant été long-tems reconnue comme telle, était la résidence des gouverneurs généraux et des vice-rois.

La seconde tentative que firent les Français pour se fonder une colonie au Brésil fut dirigée sur l'île de Maranham.

Cette île, qui gît au deuxième degré de latitude sud, s'enfonce, ainsi que la baie où elle se trouve, de douze à quinze lieues dans le continent dont elle est séparée par deux fleuves: l'un, nommé le Taboucourou, coule à l'est, ayant à peu près deux lieues d'embouchure; le Méary, qui en a presque huit, s'étend à l'ouest; un petit bras qui les unit en forme au sud les limites; une autre, beaucoup plus petite, celle d'Upaonmery, à laquelle les Français ont substitué le nom d'ilette Sainte-Anne, détermine à l'est l'entrée de la baie. L'île de Maranham, du côté de la mer, est inabordable à cause des écueils, des terrains mouvans et des mangliers qui la protègent. Il en est de même à l'est de l'île Sainte-Anne, où une quantité d'ilots et de bas-fonds rendent toute la côte d'un accès impossible. Le climat est délicieux et la terre extrêmement fertile ; l'eau douce y est abondante et les brouillards inconnus. Les Tupinambas y vinrent chercher un refuge contre les persécutions des Portugais.

Des armateurs de Dieppe ayant visité cette île quelques années avant que le Portugal et toutes ses colonies passassent sous le joug de Philippe II, roi d'Espagne, se firent bien venir de ces peuplades. Un nommé Riffaut surtout captiva leur affection au point qu'elles l'engagèrent à former au milieu d'elles un établissement stable. Celui-ci, revenu en France, s'associa d'autres armateurs qui se dirigèrent, avec trois navires, vers l'île de Maranham. Après en avoir perdu un par l'effort des tempêtes, ils y mouillèrent et furent bien reçus des insulaires. Ces chefs français se brouillèrent ensuite, et Riffaut, dégoûté sans doute de son projet, revint en France et ne fit plus parler de lui.

Le chef qui lui succéda, nommé Charles Devaux, continua de se faire aimer des Tupinambas, de façon que, leur ayant conseillé de se mettre sous la protection du roi de France, il crut devoir aller demander à Henri IV, qui régnait alors, un armement capable d'assurer à sa couronne la possession de ce pays. Il en fit une description si séduisante, que ce monarque le renvoya sur les lieux, en lui adjoignant Daniel de la Touche, sieur de Laraverdière, marin expérimenté qui avait déjà visité la côte du Brésil. Ils retournèrent donc ensemble; et Laraverdière, assuré par lui-même de la vérité des rapports de Charles Devaux, se hâta de revenir en France pour rendre compte de sa mission au héros qui n'existait déjà plus, et qui, frappé d'un poignard assassin, avait laissé la France dans un deuil profond.

Marie de Médicis avait trop d'intérêts à surveiller pour donner à l'établissement de la colonie de Maranham l'attention qu'elle eût méritée. Laraverdière, en connaissant l'importance, s'entendit, en 1611, avec François de Rasilly, sieur des Aumelles, et Nicolas de Harley, sieur de Sancy : leur but était de créer un genre de commerce lucratif avec les Tupinambas, et de les convertir, s'ils le pouvaient, à la religion chrétienne. Pour toute aide, ils obtinrent de la reine-régente le titre de lieutenans-généraux du roi de France dans les Indes-Occidentales, ainsi qu'une enseigne sur laquelle on lisait : *Une femme est l'ame de cette haute entreprise.* On leur adjoignit comme missionnaires quatre capucins qui reconnaissaient Claude d'Abbeville pour leur supérieur.

L'expédition, après avoir été bénie par

l'évêque de Saint-Malo, partit de Cancale le 25 janvier 1612. Trois bâtimens montés par cinq cents hommes composaient la force de cette escadre qui, après avoir été battue par des vents contraires dans la Manche, se rallia à Plymouth. S'étant remise en mer, elle passa l'équateur et vint mouiller près de l'île de Fernando-Noronha, appartenant alors comme fief à un seigneur de ce nom, et dont l'étendue est tout au plus de trois lieues. Les Français trouvèrent là un de leurs compatriotes et quelques sauvages tapuyas qui se dirent exilés de Pernambuco.

Les missionnaires commencèrent leurs fonctions par le baptême des fugitifs; et ces nouveaux chrétiens ayant demandé à faire partie de l'entreprise, on les reçut à bord. Le jour même les bâtimens remirent à la voile, on découvrit la côte du Brésil; dépassant enfin la barre de Peria, on jeta l'ancre à quelques lieues de Maranham. Deux navires de Dieppe étaient mouillés dans la baie; on apprit par eux que les Tupinambas étaient toujours dans les mêmes dispositions pour les Français. Charles Devaux alla néanmoins s'en assurer par lui-même avant qu'on effectuât le débarquement. La foi était gardée, et, malgré les observations modérées de quelques chefs, les Français furent reçus comme amis. Les missionnaires crurent devoir mettre beaucoup de pompe dans le cérémonial de leur installation, afin de faire une impression favorable au christianisme sur l'esprit de ces sauvages. (*Voyez la gravure en regard.*) Un des armateurs de Dieppe assista à cette entrée solennelle, et le soir donna un repas aux principaux de l'expédition.

Dès le lendemain fut marqué l'emplacement d'un fort, dans une position qui commandait l'entrée principale du port. On en accéléra la construction, et il fut armé de vingt-deux pièces de canon de gros calibre; on éleva pareillement un magasin spacieux auprès de la citadelle, et une maison pour les missionnaires qu'ils

Installation des Missionnaires au Brésil.

appelèrent couvent de Saint-François. Le terrain environnant fut béni et sanctifié par l'érection d'une croix ; le fort reçut le nom de Fort-Louis en l'honneur de Louis XIII, et la baie celui de Sainte-Marie, par déférence pour Marie de Médicis, autant que par vénération pour la mère de Dieu.

Les colons français, se modelant sur leurs religieux, en usèrent avec les sauvages de manière à conserver leur bienveillance. Le secret était de n'employer que des moyens de persuasion poussée jusqu'à l'évidence, quand ils voulaient réformer en quelques points les mœurs de ces hommes de la nature.

Rasilly avait le commandement général, et comme l'ensemble marchait à souhait, il fut résolu à l'unanimité qu'il retournerait en France pour y chercher tout ce qui pourrait concourir à l'accroissement de la colonie; Laraverdière s'engageant à tout maintenir sur le même pied jusqu'au retour de ce chef. Le supérieur des missionnaires l'accompagna, et conduisit lui-même six jeunes sauvages tupinambas non encore baptisés, et désignés par les carbets ou conseil de leur nation pour cette ambassade. Leur arrivée fit une sensation extraordinaire à Paris, où trois d'entre eux eurent le roi et la reine-mère pour parrains et marraines; les trois autres étaient morts peu de jours avant cette cérémonie.

Laraverdière envoya à la découverte de petites expéditions qui remontèrent en canots le Taboucourou jusqu'au cinquième degré de latitude sud, et le Méary jusqu'au huitième.

Les destinées du Brésil dépendaient alors de la cour de Madrid; et la grande révolution qu'avait subie le Portugal n'en fut véritablement pas une pour les possessions d'Amérique, puisque tout y resta sur le même pied, et qu'elles continuèrent à être administrées par des magistrats de cette nation. La seule influence qu'elle eut par la suite fut la lenteur et l'indécision des mesures que la métropole eut bientôt à prendre pour les conserver.

Malheureusement pour les Français établis dans l'île de Maranham, Philippe II donna l'ordre au gouverneur général Gaspard de Souza de conquérir et de coloniser tout le nord du Brésil, et en conséquence de fixer momentanément sa résidence à Olinda, afin de surveiller les opérations d'une manière plus directe. On confia le commandement des troupes à Jeronimo d'Albuquerque ; il n'eut toutefois qu'une très-petite armée sous ses ordres.

S'étant adjoint Martim de Soarès de Morenho, fondateur de la capitainerie de Siara, il se contenta de construire à l'entrée de la baie de Maranham une citadelle qu'il fit nommer Notre-Dame du Rosaire ; ensuite il détacha Soarès avec un bâtiment léger pour qu'il allât reconnaître l'état de l'île, et sans attendre son retour revint lui-même à Olinda de

Pernambuco par terre ; il y arriva trois mois après l'avoir quittée. De si faibles résultats ne satisfirent pas Gaspard de Souza.

Diogo de Campos Morenho, proche parent de Martim Soarès, arriva sur ces entrefaites d'Europe, où il avait reçu du cabinet de Madrid, pour toute récompense de longs services, l'ordre de retourner au Brésil pour coopérer à l'affranchissement des provinces du Nord. De quatre cents hommes qu'on lui avait promis, et qu'il attendit long-tems à Lisbonne, il n'en avait pu embarquer qu'une centaine. Il arriva à Pernambuco au moment où l'on allait faire partir une autre expédition, commandée encore par Jeronimo d'Albuquerque, après avoir appris que le fort du Rosaire avait été attaqué par un nombreux parti de Tupinambas qu'il avait repoussés et contraints à demander la paix. Les troupes réunies de Jeronimo et de Diogo ne montaient guère qu'à cinq ou six cents hommes. Elles arrivèrent à tems; car trois jours auparavant il était entré un vaisseau français commandé par le sieur de Pratz, et portant à son bord trois cents soldats destinés à protéger la colonie de Maranham.

Ceux-ci, supposant qu'ils s'empareraient facilement du fort du Rosaire, l'assaillirent sans beaucoup d'ordre, et en poussant de grands cris, comme gens qui croyaient marcher à une conquête certaine. Mais les Portugais, nouvellement débarqués, se montrèrent alors, et faisant bonne contenance forcèrent les Français à regagner leur vaisseau.

Soarès Morenho, après avoir reconnu l'établissement des Français à Maranham, selon les ordres qu'il avait reçus de Jeronimo d'Albuquerque, et avoir fait de vains efforts pour se diriger vers Pernambuco, dévia tellement de sa route, que ne pouvant doubler le Cap Saint-Roch il fut enfin obligé de gagner l'Espagne, où il instruisit lui-même le ministère du résultat de ses observations. Un nouvel ordre plus positif de chasser de Maranham les Français, dont Gaspard de Souza ignorait les véritables forces avant que cette dépêche lui parvînt, fut expédié en toute hâte pour le gouverneur général. Il envoya donc de nouveaux renforts aux deux officiers portugais, et crut les accorder en nommant Diogo commandant collatéral; car celui-ci, considérant son âge et son expérience, souffrait impatiemment d'avoir un rang inférieur à celui de Jeronimo. Ils parvinrent de concert à rassembler une troupe auxiliaire très-considérable de sauvages des côtes de Paraiba.

Jeronimo voulait commencer immédiatement l'attaque contre les Français dans l'île de Maranham, et Diogo penchait pour qu'on élevât d'autres retranchemens avant de la tenter, alléguant que, dans la position qu'ils occupaient, ils étaient à même d'être secourus de tous côtés, et que tôt ou tard ils débusqueraient les Français de l'île, fussent-ils trois fois plus nombreux qu'on ne les supposait être; qu'au contraire si l'on s'abandonnait au hasard d'une action, il était probable que la flotte portugaise ne pourrait supporter l'effort des vaisseaux français, et que dès-lors tout leur avantage serait perdu. J. d'Albuquerque se rangea à son avis, quoiqu'il observât que si les Français avaient effectivement des forces considérables, il ne concevait pas qu'un peuple aussi avancé dans l'art de la guerre eût négligé de fortifier le lieu où lui-même avait fait construire le fort du Rosaire. Ce fut effectivement une de leurs grandes fautes, puisque de cette position on pouvait interdire à tous convois l'entrée de la baie.

Ils envoyèrent à la reconnaissance de l'île un Brésilien nommé Rangel, natif de Rio de Janeiro ; c'était un jeune homme plein d'audace et d'intelligence, et qui savait presque tous les dialectes des peuplades sauvages. Rangel fut absent plusieurs jours, et pendant ce tems Diogo, pour couper court à l'irrésolution de son collègue, commença les fondations d'un fort sur le plateau d'une colline qui dominait la barre : tout à coup se fit voir la barque de Rangel ; il rapporta qu'après avoir exploré presque toute l'île il n'avait aperçu ni Français, ni vaisseau de leur nation, mais qu'il avait reconnu un point de la côte, nommé Guaxenduba, qui offrait un excellent mouillage, et une position très-favorable pour y retrancher et alimenter une armée, étant propre à toute espèce de culture, et baigné par une belle rivière ; que d'ailleurs on y pouvait aborder sans être aperçu des Français, le passage étant masqué par quantité de petites îles inhabitées.

L'armée portugaise, qui manquait de tout dans le fort, apprenant ces particularités de la bouche des rameurs de Rangel, demanda à grands cris d'être conduite sur cette côte, ce à quoi obtempéra Jeronimo après deux jours d'hésitation. On s'embarqua donc, et l'on n'arriva qu'en quatre jours au mouillage de Guaxenduba, à cause des vases où s'embourbèrent souvent les vaisseaux : l'on y débarqua sans opposition ; mais les mâts et leurs pavillons avaient été remarqués des Tupinambas qui, par des colonnes de fumée, en avertirent soudain les Français du Fort-Louis.

Les Portugais commençaient à élever une citadelle sous l'invocation de la nativité de Notre-Dame, quand la flotte française, composée de sept vaisseaux et d'une quarantaine de barques, se présenta à l'entrée de l'anse de Guaxenduba. Laraverdière la commandait à la tête de quatre cents Français et d'un grand nombre de Tupinambas. Déjà deux navires ennemis étaient tombés en son pouvoir, puisqu'au moment de son apparition la flotte de Jeronimo n'avait pas encore mis à l'ancre hors de sa portée. Cette prise, d'ailleurs, fut faite sans coup férir, les hommes qui en faisaient partie s'étant subitement jetés à la nage pour regagner le camp.

Depuis que les deux partis étaient si près l'un de l'autre, la guerre avait pris un caractère de ruse et de supercherie ; elle se termina par un échec considérable que supportèrent les Français à cause de la forfanterie du commandant Laraverdière, qui, sans avoir pris convenablement ses mesures, voulut faire emporter d'assaut les retranchemens qu'élevaient les Portugais.

Le chevalier de Puisme, qui commandait l'attaque, fut atteint d'un coup mortel, et sa perte détermina la fuite de ses soldats : les basses marées mirent Laraverdière dans l'impossibilité de secourir les siens avec la réserve qu'il s'était ménagée, et le firent échouer lui-même dans le projet qu'il voulut effectuer de détruire par mer les travaux portugais. Cent quinze Français périrent dans cette journée.

Un parti de cinq ou six cents sauvages tupinambas devant le lendemain se joindre à l'armée de Laraverdière, Jeronimo et Diogo, avertis à tems, firent garder le rivage par cent mousquetaires qui les mirent en déroute.

En cet état de détresse, Laraverdière

écrivit aux chefs portugais qu'en plusieurs de leurs manœuvres ils avaient contrevenu aux droits des nations. Ceux-ci lui répondirent, avec plus de droit, qu'il leur en avait donné l'exemple ; des reproches ils en vinrent à des civilités, et des civilités à un accord par lequel les hostilités devaient cesser, et les choses rester sur le pied où elles étaient jusqu'à ce que la cause pour laquelle on était en guerre fût décidée par ambassadeurs dans les cours de France et d'Espagne, et qu'il y eût été stipulé sur l'évacuation de l'île par l'une ou l'autre de ces puissances.

On ne laissa pas le tems aux diplomates qui partirent de ce lieu même d'échanger leurs pouvoirs ; car des secours puissans étant arrivés aux Portugais, et les Français n'en recevant aucun, on les éconduisit de leurs possessions en profitant de la faiblesse de leur gouverneur Laraverdière, habitué depuis l'armistice à en passer par toutes les conditions qu'on lui voulait imposer. Il rendit donc le fort où il avait plus de quatre cents Français, et regagna sa flotte, ne laissant dans l'île que quelques-uns des siens mariés à des filles de Tupinambas, et que les Portugais consentirent à y laisser vivre, malgré la loi qui interdisait aux étrangers le séjour du Brésil. Telle fut l'issue de cette seconde entreprise des Français contre la colonie portugaise : peut-être en eût-il été différemment si leur gouverneur eût eu la bravoure et les talens de Duguay Trouin.

Celle du capitaine Duclerc dont il nous reste à parler, et qui eut lieu dans la baie de Rio de Janeiro, sous le règne de Louis XIV, fut à la vérité bien fatale à son auteur ; mais la vengeance qu'en tira Dugay Trouin est si glorieuse pour ce grand homme et tous ceux qui l'accompagnaient, qu'on peut dire que les Français n'ont pris définitivement congé du Brésil qu'en gens d'honneur et d'un courage héroïque.

Nous nous réservons d'en parler avec quelques détails à l'article Rio de Janeiro, à cause des circonstances locales qui pourront faire mieux apprécier tout ce qu'elle a d'extraordinaire. Obligés de nous renfermer dans le cadre que nous nous sommes tracé, nous allons passer rapidement aux faits d'armes qui procurèrent aux Hollandais l'occupation des provinces septentrionales du Brésil pendant vingt-quatre ans, et dont ils furent enfin expulsés par la bravoure des Portugais et des Brésiliens.

CHAPITRE III.

Etablissement des Hollandais dans le nord du Brésil, et leur expulsion.

Dès le règne de Philippe III, les Hollandais commencèrent à exercer des pirateries sur les côtes du Brésil. Les républicains des Provinces-Unies avaient le double plaisir de s'enrichir par leurs prises et de causer des dommages à une puissance qui les avait long-tems vexés.

S'étant aperçus que la discipline était fort relâchée dans cette colonie, qui depuis plusieurs années jouissait d'un certain calme, et que chefs et soldats parmi les garnisons n'étaient plus que des trafiquans, ils firent part à leur gouvernement de la facilité qu'il y aurait à s'emparer de ce magnifique pays, où les Hollandais, en donnant les marchandises d'Europe à meilleur marché que les Portugais, avaient déjà beaucoup de partisans parmi les naturels.

Les succès brillans qu'avait obtenus la compagnie des Indes-Orientales déterminèrent les Hollandais à créer une nouvelle association, établie sur les mêmes bases, avec le nom de compagnie des Indes-Occidentales, et à consacrer son inauguration par la conquête de Bahia.

La trève de douze ans conclue, sous Philippe III, entre l'Espagne et les Provinces-Unies venait d'expirer, et Philippe IV, ou plutôt Gaspard d'Olivarès, son ministre favori, ne voulant pas la renouveler, Jacob Willekeus, Vandort et Piéter-Haynes furent mis à la tête d'une flotte de soixante voiles, et chargés de l'expédition agressive contre le Brésil.

Bahia ne put tenir contre cet armement, et, après une faible résistance, se rendit à discrétion. Diogo de Mendoza, qui en était le gouverneur, couvrit mal l'impéritie de sa conduite par une défense personnelle assez vive dans les appartemens mêmes de son palais ; il fut forcé de rendre son épée ; et, malgré la promesse qui lui fut faite de le laisser retourner en Europe, il fut conduit avec son fils dom Antonio à bord du vaisseau amiral hollandais, où ils furent gardés tous les deux comme otages.

Il n'en fut pas ainsi de l'archevêque Miguel Teixeira qui, alliant le courage des guerriers au zèle des pasteurs de l'Eglise, se retira, avec environ douze cents Portugais ou Brésiliens et trois cents naturels convertis, dans un bourg voisin, où, s'étant retranché, il ne cessa d'inquiéter les conquérans et de les tenir comme assiégés dans la ville de Bahia.

L'alarme fut complète en Portugal à la nouvelle de cette terrible catastrophe dont les Espagnols se réjouirent intérieurement, pensant que cette perte humilierait des hommes qui ne supportaient qu'avec peine leur domination usurpatrice.

Philippe, soit par ressentiment contre les Provinces-Unies, soit qu'il jugeât honteux pour lui que, sous son règne, une nation, à laquelle il devait une protection immédiate, eût été dépouillée d'une si belle partie de ses apanages, Philippe écrivit de sa main aux seigneurs portugais, les engageant à former une croisade pour reconquérir sur les hérétiques ce qu'ils leur avaient usurpé.

Les Portugais fournirent vingt-six vaisseaux, pour l'équipement desquels la noblesse et le peuple firent à l'envi les plus grands sacrifices; dom Francisco d'Alméida en eut le commandement, devant toutefois reconnaître pour chef suprême dom Fabrice Osorio de Tolède qui, à la tête d'un certain nombre de vaisseaux espagnols, devait opérer sa jonction aux îles du Cap-Vert. Ce renfort, après s'être fait long-tems attendre, arriva enfin, et la double flotte, portant de douze à quinze mille hommes, tant portugais qu'espagnols et napolitains, fit voile vers la Baie de Tous-les-Saints. Dom Manuel de Menezès était général des troupes de débarquement.

Les Hollandais souffraient alors beaucoup dans la ville de San-Salvador, où ils étaient bloqués et affamés par les quinze cents hommes que l'archevêque enflammait de sa sainte ardeur. Le capitaine Padilla tua de sa propre main le général hollandais Vandort dans une sortie que celui-ci tenta imprudemment. Son successeur, Albert Schoutens, fut atteint quelques jours après d'un coup de mousquet dont il mourut aussi, laissant l'autorité entre les mains de son frère Willem Schoutens, pour qui elle était un fardeau trop pesant.

L'archevêque venait de céder le commandement à Nuhès Marinho, quand il mourut des suites de ses fatigues en un âge avancé ; il eut pour tombeau la citadelle de Tapagipe qui, sous ses yeux, avait été reprise aux Hollandais par Antonio Moralès, et dont toute la garnison avait été passée au fil de l'épée.

A Nuhès Marinho succéda dom Francisco de Moura, et ces deux chefs suivirent en tout le même mode de combattre, en harcelant les vainqueurs.

Quatre mille Portugais, commandés par dom Manuel de Menezès, commencèrent l'attaque que le gouverneur hollandais Willem Schoutens soutint vigoureusement pendant quelque tems. Une sortie faite à propos par le capitaine Jean Quif causa une très-grande perte aux assiégeans.

La garnison, dans une révolte, ayant destitué Schoutens et mis Jean Quif à sa place, celui-ci tenta d'incendier la flotte ennemie au moyen de brûlots; mais le succès ne couronna pas la hardiesse du projet, et les bâtimens hollandais subirent même un dommage considérable; ce qui fit que la garnison se révolta de nouveau, et le força, après un mois de siége, à recevoir une capitulation par laquelle on lui permettait le retour en Europe avec ce qui lui restait de vaisseaux : il arriva en Hollande après avoir été battu en mer par des tempêtes violentes.

Les habitans de Bahia eurent autant à souffrir des exactions que commirent les vainqueurs que de l'agression des Hollandais, les troupes espagnoles et napolitaines ayant donné l'exemple de tous les désordres.

Les Provinces-Unies se vengèrent de cet échec par la prise d'une quantité de navires et de galions tant espagnols que portugais, ce qui procura un riche butin. On vit en 1627 l'amiral Piéter rentrer dans la Baie de Tous-les-Saints, y porter l'épouvante et la destruction ; on le vit enfin, après l'avoir évacuée, rencontrer sur sa route les galions mexicains, s'en emparer et rapporter en Hollande plus de quinze millions.

Non contens de ces dédommagemens, les Hollandais confièrent, vers le milieu de l'année 1629, à l'amiral Loncq quarante-cinq bâtimens ; cette flotte tint long-tems la mer, puisqu'elle n'aborda que le 3 février 1630 sur les côtes de Pernambuco. Théodore Vardemburg commandait les troupes de débarquement ; il descendit à terre avec deux mille huit cents hommes, et s'empara des deux villes d'Olinda et du Récif, distantes l'une de l'autre d'une lieue environ, après trois combats sanglans où les colons brésiliens rivalisèrent de zèle avec les Portugais pour défendre l'intégrité de leur territoire. Le jeune Vieira, qui fut plus tard un des libérateurs de la colonie, s'étant renfermé avec une poignée de soldats dans le fort San Jorge, s'y défendit pendant huit jours contre les attaques des Hollandais, et, par une capitulation glorieuse, obtint d'en sortir à la tête de la garnison, composée de trente-sept hommes, avec les honneurs de la guerre ; il emporta jusqu'aux débris du drapeau qu'il s'était roulé autour du corps, vêtement digne d'un héros.

Maitres d'Olinda et de Pernambuco, les Hollandais fortifient le Récif qui, par lui-même, est comme une fortification placée par la nature le long des côtes de cette capitainerie. Nous verrons bientôt que, quoique possesseurs de ces deux points, ils y furent long-tems tenus comme assiégés par le général dom Mathias d'Albuquerque et la petite armée avec laquelle il leur avait déjà si chèrement vendu le terrain.

Le Portugal, attiré par la nouvelle de cette invasion, n'épargna rien pour faire adopter à la cour de Madrid son projet de chasser une seconde fois les usurpateurs : des hommes, de l'argent et des vaisseaux furent fournis ; l'Espagne y joignit quelques navires, et donna le commandement général à Oquendo. La mortalité s'étant mise dans les troupes, qui de cinq mille hommes furent réduites à deux mille, il fallut employer la force pour ramener les déserteurs sur la flotte : trente vaisseaux, dont la moitié était en mauvais état, partirent d'Europe au mois de mai 1630, et furent renforcés de quinze aux îles Canaries et de neuf à celles du Cap-Vert. Sur le bruit d'un armement, les Hollandais s'étaient mis en mer avec quatorze vaisseaux et deux jakcs, ne s'attendant pas à trouver la flotte ennemie si puissante. Malgré l'inégalité des forces, Patry, l'amiral hollandais, engagea le combat. Après un abordage terrible entre son vaisseau et celui de l'amiral espagnol, le feu prit à son bord ; ce brave marin voyant que son antagoniste était parvenu à se dégager des grappins qui les avaient long-tems tenus attachés, dédaigna de sauver sa vie en passant sur un autre bâtiment, et, s'enveloppant du pavillon de sa nation, il se précipita dans la mer. This, autre commandant hollandais, sauta avec son vaisseau. La flotte toutefois fit une retraite honorable sous la protection des batteries d'Olinda, emmenant un navire espagnol qu'elle avait capturé.

Oquendo débarqua douze cents hommes sur la côte de Paraïba pour protéger le pays, envoya au camp de Mathias d'Albuquerque le comte Banjola avec un très-faible renfort, et, satisfait de ces mesures insuffisantes, il reprit la route d'Espagne, sans chercher à attaquer Olinda. Il fut joint en haute mer par une flotte hollandaise qui lui causa beaucoup de dommages.

Ici les événemens se multiplient; et, pour ne pas dépasser nos limites, il nous faut planer de très-haut, afin de ne saisir que les circonstances les plus importantes d'une lutte qui, pendant plus de quatre ans, se maintint entre les Hollandais, continuellement secourus par leur métropole, et la faible armée de Mathias, abandonnée à ses seules ressources.

Mathias et Edouard d'Albuquerque, Vieira, Lacerda, Cavalcaute, Luiz Barbalho, Philippe Cameram, vos noms et vos hauts faits sont écrits aux tablettes de l'histoire!

Ces généreux Portugais avaient établi, sur une éminence située à environ une lieue d'Olinda et de Pernambuco, des fortifications auxquelles ils donnèrent le nom de camp royal de Bon Jésus; de cette position ils tinrent les Hollandais en échec, les privant du fruit de leur conquête, puisque ceux-ci n'osaient se hasarder hors des murs, sans que les embûches qu'on leur dressait ne leur devinssent fatales.

Les chefs colons étaient à la tête de compagnies dites *d'embuscade*, qui se comportaient comme les *guérillas* l'ont fait depuis en Espagne avec le même succès.

Un jour l'amiral Lonck lui-même, étant sorti de Pernambuco pour se rendre à Olinda, fut assailli par l'intrépide indigène Philippe Cameram à la tête de trois cents naturels soutenus de trois compagnies portugaises. Lonck, malgré son escorte, forte de six cents hommes, et qui fut dispersée en un instant, allait être forcé de se rendre au Brésilien, quand son cheval, se sentant atteint d'une blessure douloureuse, se mit tout à coup à fuir d'une manière si rapide, qu'en un instant il fut hors de la portée des agresseurs, et sauva ainsi son cavalier. Depuis cet événement on ne sortait plus de l'une des deux villes, sans qu'on y tirât deux coups de canon pour avertir l'autre place de s'apprêter à donner du secours en cas de surprise de la part des Portugais.

Ce qui arriva de plus déplorable pour ceux-ci, fut la défection d'un mulâtre nommé Calabar, que ses talens militaires et sa connaissance parfaite du pays rendirent d'une utilité incontestable à leurs ennemis, auxquels il alla vendre ses services, et qu'il sauva en plusieurs occasions d'une perte presque certaine.

Le parti de Mathias d'Albuquerque eut encore à souffrir du voisinage d'une république de noirs qui, ayant profité des troubles de l'invasion, s'étaient enfuis de chez leurs maîtres pour se réfugier au centre des bois de palmiers de la capitainerie de Pernambuco, d'où ils furent appelés Palmarès. Ils s'étaient soumis aux règlemens d'un code assez régulier, et possédaient plusieurs villages dont quelques-uns contenaient jusqu'à six mille habitans. Le besoin de femmes dont ils manquaient, ſit qu'à l'instar des Romains ils se livrèrent à un genre de brigandage incommode pour leurs voisins; ils saisissaient aux environs, quand ils étaient en force, toutes les femmes de couleur qu'ils pouvaient atteindre, se contentant d'abuser des blanches et de les dépouiller de leurs joyaux pour orner leurs conquêtes. Le nombre de ces noirs monta enfin à plus de trente mille; ils devinrent agricoles, et loin de faire preuve d'une férocité inutile, ils ne tardèrent point à passer les soirées et les nuits à satisfaire leur passion pour les jeux et la danse. Ils ne purent être détruits qu'après que le Brésil, rentré tout-à-fait sous l'empire des Portugais, ſut en état de former des expéditions en règle contre eux. Nous reviendrons avec quelques détails sur cette population noire, quand nous en serons à la capitainerie de Pernambuco.

Des ennemis plus terribles ſurent les sauvages janduys de la nation des Tapuyas: ces anthropophages forcenés, qui avaient des vengeances à exercer, parurent aux Hollandais des auxiliaires dont ils devaient rechercher l'alliance. Ils commirent des horreurs dont l'imagination se révolte.

Plusieurs généraux hollandais se succédèrent dans le commandement des troupes, et se distinguèrent pendant le cours de cette guerre intermittente. Vardemburg fut remplacé par Renubach, qui périt bientôt en attaquant en personne le camp de Bon Jésus. L'ile d'Itamarica, dont les Hollandais avaient déjà tenté de s'emparer, et dans laquelle ils avaient construit le fort d'Orange, ne put tenir contre les armes de Sigismond van Schopp, un de leurs généraux, qui fut guidé dans cette entreprise par le mulâtre Calabar, sous la direction duquel les Hollandais firent encore une expédition vers un point éloigné de cinquante lieues environ de Pernambuco, nommé *os Lagoas*, c'est-à-dire les lacs, à cause d'un certain nombre de grands marais d'eau salée qui s'y trouvent. Là prospérait une colonie composée de plusieurs bourgades qu'ils saccagèrent et brûlèrent entièrement.

Rio Grande et le Cap Saint-Augustin furent successivement conquis par les généraux *Centio et Sigismond*, *toujours* dirigés par Calabar ; les provinces de Paraïba et d'Itamarica eurent le même sort.

A la prise de Pontad par Sigismond, Calabar, au moyen d'une ruse digne d'Annibal, sauva la flotte hollandaise du plus grand péril. Les Hollandais se trouvaient maîtres de la ville, située au fond d'une anse, sans l'être de la barre, dont toutes les issues étaient gardées par les Portugais qui occupaient le fort de Nazareth et d'autres redoutes. Mathias en personne s'y trouvait, ayant abandonné momentanément le camp de Bon Jésus pour venir protéger ce point. Calabar avait introduit les vaisseaux ennemis devant Pontad par un canal qui communiquait du fond de l'anse avec la mer extérieure, et qui pouvait à peine donner passage à un seul navire, tant il était resserré.

La sortie paraissait impossible; Calabar la rendit praticable en le faisant élargir par des travailleurs. De plus, comme les bâtimens debout sur leurs quilles prenaient trop d'eau et s'engravaient, il les fit pencher sur le flanc, et tirer un à un, à bras d'hommes, d'un lieu où ils eussent été détruits infailliblement sans cette idée heureuse.

Sigismond, ayant laissé une forte garnison à Pontad, retourna aussitôt à Pernambuco, d'où partirent bientôt après les deux commissaires Centio et Gileissenghen, pour aller représenter aux états-généraux des Provinces-Unies de quelle importance il était de compléter par un armement imposant l'occupation du Brésil.

Sur leur requête on vit arriver au Récif une flotte considérable ayant à bord trois mille cinq cents hommes confiés à Artisoski, Polonais, qui s'était distingué au service de la Hollande. Quant aux Portugais, ils reçurent la même année un renfort dérisoire de cent cinquante hommes, conduits par Pierre Cabral, simple lieutenant. Alors le ministère d'Espagne était tout-à-fait sourd aux représentations et aux murmures des Portugais; alors Vasconcellos, secrétaire du gouvernement à Lisbonne, avait déjà commencé le cours des exactions qui hâtèrent la révolution par laquelle le Portugal recouvra son indépendance.

Mathias n'avait plus que deux points où il pût se maintenir, le fort de Nazareth et celui de Bon Jésus; encore crut-il devoir confier la garde de cette place à Andréas Marim, et transférer son camp à Villa Formosa, position qu'il trouva favorable.

Artisoski entreprit et poussa vivement le siége de la forteresse de Bon Jésus: à la troisième attaque qu'il en fit, les assiégés ayant exécuté une sortie, un de ceux-ci le couche en joue, et lui crie de se rendre. Artisoski remet son épée. Le Portugais l'ayant reçue entraîne sans précaution vers les remparts son prisonnier, dont il guide le cheval par la bride. Ce général, qui tenait encore son bâton de commandant, en décharge spontanément un grand coup sur la tête de son conducteur, et, l'ayant étendu à ses pieds, rejoint au grand galop le parti hollandais.

Andréas soutint le siége si vigoureusement, que malgré les forces et les ruses d'Artisoski il tint près de deux mois : malheureusement Mathias avait si peu de monde dans son autre camp, qu'il ne put tenter de se frayer un passage pour aller secourir la forteresse réduite aux abois par l'extrême faiblesse de ses défenseurs. Elle fut obligée de capituler. La garnison en sortit avec les honneurs de la guerre. Elle avait voulu stipuler qu'on ne sévirait pas contre les malheureux habitans qui s'y étaient réfugiés. Les Hollandais avaient répondu que cette clause eût été injurieuse pour eux, puisque, pouvant désormais se regarder comme les possesseurs assurés du pays, ils avaient un grand intérêt à en ménager les habitans. Au mépris cependant de cette déclaration, ils les réduisirent à l'esclavage, et leur firent même souffrir le supplice de la torture pour les forcer à se racheter par une forte rançon. Les fortifications du camp royal de Bon Jésus furent rasées, et les autres ouvrages démolis, afin qu'il ne restât pas pierre sur pierre d'un établissement qui avait été si préjudiciable aux usurpateurs.

Sigismond fit de son côté les dernières tentatives pour s'emparer du fort de Nazareth. Mathias d'Albuquerque, que rien ne pouvait décourager, et qui désirait se conserver un port de mer d'où il pût tôt ou tard recevoir quelques secours d'Europe, envoya Banjola avec l'ordre de fortifier et défendre Porto-Calvo, situé à vingt lieues plus loin sur la côte. A peine s'y trouva-t-il enfermé, que Lichtart vint assiéger cette place. Le peu de résistance qu'opposa Banjola lui fit encourir le soupçon de trahison. Lichtart, s'en trouvant maître, y laissa quelques troupes, et vint réunir ses forces à celles de Sigismond.

Banjola, retiré aux Lagoas, ayant reçu,

par deux caravelles, l'annonce d'un armement qui devait arriver prochainement à la défense du Brésil, en fit prévenir Mathias, lui conseillant d'évacuer le fort qu'il lui serait impossible de défendre long-tems, et de venir le joindre aux Lagoas, où ils pourraient se maintenir plus facilement jusqu'à l'arrivée du secours promis. Cet avis fut goûté et suivi par d'Albuquerque qui n'avait plus que trois cents hommes. Par son ordre le fort de Nazareth capitula.

Une proclamation de Mathias avertit les habitans de la capitainerie qu'il allait effectuer une retraite : il y offrait à toutes les familles qui voudraient le suivre la protection de son escorte. Un grand nombre se joignit effectivement à lui; et cette déplorable troupe, soumise aux mêmes privations que les Israélites quand ils quittèrent l'Egypte, eut à lutter contre toutes les fatigues et tous les dangers d'un pénible voyage. Mathias était à l'avant-garde, le généreux Cameram fermait la marche. Ce fut en passant près de Porto-Calvo, qui se trouvait sur leur route, que la défection d'un Brésilien, attaché jusque-là au parti hollandais, rendit d'Albuquerque maître de cette place, dans laquelle se trouvait l'auteur de tant de maux, le mulâtre Calabar. Ce transfuge, livré par un transfuge, devint le gage au prix duquel près de cinq cents Hollandais obtinrent la faveur d'être envoyés en Europe comme prisonniers de guerre ; lui-même les y détermina, désirant expier l'atrocité de sa vie par une mort volontaire. Il fut pendu, et son cadavre écartelé ; ses bourreaux ne doutèrent pas de son salut, car sa fin fut celle d'un véritable chrétien.

Mathias, ne voulant pas s'affaiblir en gardant Porto-Calvo, rasa ses fortifications, et arriva enfin aux Lagoas, où il fit sa jonction avec Banjola. Il ne leur restait que huit cents hommes de troupes réglées et deux cents indigènes ; la position étant favorable, ils s'y cantonnèrent. A peine y étaient-ils, qu'Artisoski vint élever un fort à Peripuera, hauteur qui dominait le rivage, espérant par là leur couper toute communication avec le pays qu'ils venaient d'abandonner : ce fut en vain, les forêts de l'intérieur s'ouvrirent devant ces hommes invincibles.

La cour d'Espagne craignit à la fin que si les Hollandais s'établissaient définitivement au Brésil, ils n'interceptassent tous leurs galions ; déjà le Récif de Pernambuco était devenu un chantier où s'étaient construits et armés les bâtimens avec lesquels l'amiral Jol s'empara de l'île de Fernando-Noronha.

Olivarès crut devoir envoyer du secours à ceux qui défendaient héroïquement les possessions portugaises au Brésil, mais il ne le proportionna pas aux besoins ; il se borna effectivement à envoyer dix-sept cents hommes et Luys de Roxas pour remplacer Mathias d'Albuquerque, auquel on donnait l'ordre de repasser en Europe. Cet accroissement de troupes ne dédommageait pas l'armée brésilienne de la perte d'un chef tel que Mathias, qui de son côté eût mieux aimé mourir les armes à la main sur le théâtre de sa gloire, que d'aller partager en Europe l'humiliation de ses compatriotes.

Dom Lobo de Hozas dirigeait la flotte, qui devait aussi conduire Pedro da Sylva à San-Salvador, pour y remplacer Oliveira comme gouverneur-général. Les Hollandais étaient tellement disséminés dans le vaste pays qu'ils avaient à garder sur tous ses points, que si les chefs de cette expédition maritime eussent agi avec vigueur et célérité, ils eussent pu reprendre Pernambuco; ce que craignit un instant Sigismond, plus clairvoyant qu'eux.

Roxas remplaça d'Albuquerque, au mécontentement des soldats, et trouva bientôt la mort dans une action qu'il s'empressa de chercher et de soutenir près de Porto-Calvo contre Artisoski. Sans Rebello et Cameram, le reste des forces portugaises eût été anéanti; ce dernier venait de recevoir, pour prix de ses services, l'ordre du Christ et le titre de *dom*, qui n'est pas prodigué en Portugal comme en Espagne : c'était la moindre récompense que méritassent sa bravoure, ses talens et son patriotisme.

Banjola avait succédé dans le commandement à Roxas, mais par ses lenteurs il fit avorter le fruit qu'on eût pu retirer des succès que le lieutenant-général d'Andrade, venu d'Espagne avec Roxas, avait obtenus sur Artisoski, en lui reprenant le fort de Barra-Grande.

Les Hollandais ne jouissaient pas paisiblement de la possession du pays : les mêmes fléaux qu'ils avaient suscités contre l'armée portugaise réagissaient sur eux. Les nègres palmarésiens entreprenaient toujours les excursions nécessaires à leur prospérité, et les sauvages janduys faisaient quelquefois main-basse sur leurs propres alliés ; de plus les partisans de la domination portugaise, comme autant de génies destructeurs, anéantissaient toutes les cultures. Leur religion, encore plus abhorrée qu'eux-mêmes, ne pouvait d'ailleurs prendre racine; et, continuellement trahis par les colons qui s'offraient à les servir, ils avaient à exercer des représailles qui n'étaient attribuées qu'à une barbarie inutile.

Le caractère d'atrocité qu'affectait cette guerre allait toujours croissant; rarement on se faisait quartier; l'animosité survivait à la vengeance. Rebello se montre près de la ville de Saint-Laurent où les Hollandais avaient une garnison; à cette vue, les habitans se jettent sur elle et la massacrent. Rebello s'éloigne, les Hollandais reprennent cette place et passent les habitans au fil de l'épée, sans distinction d'âge ni de sexe.

C'était prospérer pour les Portugais que de n'être pas anéantis. Rebello, Andrade, Banjola, poussaient leurs avantages, soit contre Artisoski, soit contre Sigismond; Souto, le même qui avait livré Calabar, le nègre Dias, et surtout dom Philippe Cameram, harcelaient continuellement leurs ennemis. D'Ensès, gouverneur du Brésil hollandais, fut massacré à la tête d'un parti nombreux que le vaillant Rebello mit en fuite ou fit prisonnier.

On crut devoir opposer à la troupe d'indigènes qui suivait Cameram une troupe de mille Hollandais, guidée par Artisoski, dans le but de se défaire de si redoutables adversaires. Deux jours consécutifs ceux-ci soutinrent l'attaque en règle de leurs ennemis, et prouvèrent que les Américains étaient aussi aguerris et plus déterminés que les soldats qu'on leur avait opposés.

Ces avantages particuliers n'amélioraient pas la situation des Portugais : ils avaient à combattre une hydre à mille têtes. Banjola et les autres chefs se déterminèrent à évacuer une seconde fois le pays pour s'aller retrancher aux Lagoas; ils prirent surtout cette résolution à la requête des colons, qui étaient au désespoir de voir leurs possessions en proie, sous leurs yeux, à des brigandages de tous genres, et qui désiraient plus que toute chose mettre leurs familles à l'abri des atrocités dont elles étaient journellement victimes. L'émigration s'effectua sous la direction de Cameram, la sauve-garde des siens et l'effroi des Hollandais. Les scènes de désolation qui marquèrent le cours de la première se reproduisirent dans celle-ci ; l'habitude seulement les rendait moins cruelles.

Les Provinces-Unies voulurent, par un dernier effort, légitimer tous les autres : elles résolurent d'envoyer Jean-Maurice de Nassau avec des pouvoirs illimités. Il n'emmenait avec lui que deux mille sept cents hommes; mais, joints à ceux qui étaient épars dans le Brésil, il pouvait disposer de forces assez considérables. Il arriva au Récif le 23 janvier 1637.

Des Lagoas les Portugais avaient repris du terrain ; Banjola avait fait transporter son artillerie à Porto-Calvo, dont il avait rétabli les fortifications. L'esprit de défection s'était mis parmi les Hollandais ; et, fidèles à leurs drapeaux, les Portugais ainsi que les Brésiliens recommençaient leurs excursions, presque sous les remparts d'Olinda et de Pernambuco.

Une des premières opérations de Nassau

fut d'ôter à la guerre son caractère de brigandage, et de ramener l'abondance dans ses places, en permettant qu'on y vendit sans courir aucun risque les denrées du pays. Il donna à l'ensemble de ses opérations une certaine solennité, en faisant consacrer par des prières publiques l'ouverture de la campagne. Il institua une réserve mobile de six cents hommes pour se porter partout où besoin serait. Les hostilités commencèrent par la prise de Porto-Calvo ; il y mena dix mille hommes ; un de ses lieutenans, Erig Vamol, conduisait par mer, le long des côtes, la quantité de transports nécessaires pour entretenir toute son armée.

Toutes les mesures de Banjola furent mauvaises, et sa conduite celle d'un homme sans courage : il laissa opérer la jonction d'Artisoski et de Nassau sans chercher à la troubler ; enfin il donna le commandement des troupes à Affonso Ximenès, et s'enferma dans la forteresse.

Les Portugais n'avaient que quatre mille hommes, en comptant les indigènes, à opposer aux ennemis, dont Sigismond commandait l'avant-garde ; le brésilien Cameram et le nègre Henrique Dias, à la tête des Africains, lui étaient opposés. La mêlée fut terrible, tous les genres d'armes faisaient voler la mort, des hommes de toutes couleurs s'entr'égorgeaient, et le sang, qui coulait par torrens, rougissait tous les bras. O trait de courage, digne de l'antiquité! le nègre Dias a une main blessée, il se la fait couper afin de continuer de combattre avec l'autre. Parmi les guerriers acharnés à mourir, des femmes se font remarquer ; dona Clara, digne épouse de Cameram, les guide au fort de la mêlée.

Le corps de Sigismond cédait, Artisoski vient le soutenir; Ximenès de son côté vient appuyer les Portugais de toute sa réserve. Le combat redouble de furie; le nombre enfin décide le succès. Forcée de plier devant Maurice, l'armée brésilienne se retire en bon ordre vers le fleuve Comentabula, où elle reprend le dessus, soutenue par un renfort de troupes fraîches que le brave d'Andrade avait fait sortir de Porto-Calvo. Nassau ploie à son tour; et, de capitaine devenu soldat, il fait des prodiges de valeur. La nuit vient séparer les deux partis; les hostilités cessent. Nassau profite de cette suspension pour faire enlever les blessés et inhumer les morts; Banjola s'éloigne de la citadelle, laissant et l'armée et la place sans instructions pour le lendemain.

Dès la pointe du jour, la défection fut complète parmi les troupes portugaises; quand on connut le départ précipité du général, elles prirent à la débandade la route connue des Lagoas: les braves furent forcés de suivre les lâches!

La garnison de Porto-Calvo rentra dans le fort par les ordres de Miguel Giberton, après avoir détruit par la flamme les travaux de la ville.

Nassau ayant dissipé les obstacles qui retardaient ses bagages, et ayant toute son artillerie à sa disposition, établit des batteries formidables devant la citadelle de

Porto-Calvo, qui néanmoins résista pendant plus de quinze jours, et dont la garnison se couvrit de gloire en différentes sorties. Un boulet, parti des remparts, tua parmi les assiégeans Karel de Nassau, neveu du général en chef. Malgré la douleur de cette perte, Maurice, admirant le généreux courage des assiégés, leur fit proposer une capitulation aussi honorable pour celui qui l'offrait que pour ceux que leur détresse forçait de l'accepter : ils sortirent du fort avec armes, bagages, drapeaux, et même une pièce de canon. Ici la plume de l'historien doit suivre avec rapidité Nassau dans ses conquêtes.

Il arriva aux Lagoas, mais Banjola n'y était plus : il était allé prendre position vers le San-Francisco, où cependant ses bagages furens tous atteints et pris par l'avant-garde de Nassau. Le fleuve coule bientôt entre les deux armées; Banjola se retire à Seregipe-del-Rey, ville principale de la capitainerie de ce nom.

Nassau, dédaignant de courir plus loin

sur les traces de son rapide antagoniste, crut devoir borner les conquêtes de cette première campagne au cours du San-Francisco. Une place eût pu l'arrêter, c'était Oppeneda, elle ne tint pas; et, s'en étant emparé, Nassau gagna l'affection de ses habitans, en les préservant des fureurs du soldat et en leur assurant leurs propriétés ainsi que la liberté de leur culte. Il traverse cependant le fleuve pour inviter les colons de l'autre bord à venir s'établir sur le rivage opposé, afin d'y être protégés par son gouvernement, auquel il sut donner de la consistance, en faisant ériger, à Oppeneda même, une citadelle qui porta son nom.

Enfin, au moyen d'une flottille légère, Nassau visita une partie du cours de ce fleuve rapide qu'entourent des milliers de roseaux dont les naturels font leurs flèches. Il fut tellement émerveillé de la beauté de ses bords, qu'il fit part de son admiration à son cousin le prince d'Orange, dans une lettre qu'il lui adressa et dans laquelle il lui recommandait de lui faire envoyer prochainement des renforts et des munitions, les Provinces-Unies devant faire, ajoutait-il, tous les sacrifices pour garder une si riche colonie.

Après avoir laissé Sigismond avec seize cents hommes dans le fort qu'il avait élevé, il retourna à Pernambuco, où il rétablit les mœurs et l'équité, en se montrant sévère et juste. Législateur habile, il força pour ainsi dire à la profession de leurs cultes et juifs et catholiques; par là s'éteignirent des haines que l'on croyait éternelles. Les habitans du Récif et ceux d'Olinda, formés en compagnies de milice, furent mieux contenus et eurent moins besoin de l'être, tant mûrit promptement le fruit des bonnes lois. Les colons européens, les indigènes, les esclaves de toutes couleurs, eurent à se louer de ses sages institutions; le nom hollandais cessa d'être en exécration, et le pays devint de quelque rapport pour les Provinces-Unies.

Ce fut alors qu'on agita dans le conseil la

question de savoir si le siége du gouvernement serait transporté dans l'île d'Itamarica, ou continuerait d'exister au Récif de Pernambuco, devenu presque inexpugnable ; ce dernier avis prévalut. Nassau fit aller à la recherche des mines d'or et d'argent, ce fut presqu'en vain ; on trouva à la vérité un filon d'argent à Cuxaba, mais il ne répondit pas aux espérances qu'on en avait conçues. Par son ordre encore des savans et des naturalistes explorèrent le pays ; entre autres, Pison et Marcgrav, qui ont donné sur l'histoire naturelle du Brésil les matériaux les plus précieux.

Nassau méditait la conquête de Bahia ; une maladie assez longue mit long-tems obstacle à l'exécution de son projet. Ce fut alors qu'il envoya Jean Coinus en Afrique, pour qu'il s'emparât du fort de Mina, contre lequel la compagnie avait fait une tentative vaine en 1625. Coinus remplit glorieusement sa mission, et revint bientôt chargé d'un riche butin.

Banjola cependant occupait la capitainerie de Seregipe et de là envoyait faire des excursions dans les provinces hollandaises. Nassau détacha Schouppe pour les chasser, étant lui-même retenu par une maladie grave. Banjola s'enfuit devant cet adversaire, et dès-lors, évacuant tout-à-fait cette capitainerie, il résolut de se reployer sur Bahia, dans la persuasion que Maurice de Nassau tournerait bientôt ses armes contre elle.

Maurice, sur ces entrefaites, reçut des députations de plusieurs peuplades d'indigènes, principalement de la part des sauvages chevelus de Siara ; elles venaient au nom de leurs tribus faire alliance avec lui, et lui conseiller d'envoyer quelques troupes pour conquérir la capitainerie de ce nom, qui n'attendait que l'apparition des troupes hollandaises pour se révolter ; expédition dont il chargea effectivement le colonel Jaris Gusman, qui s'en acquitta avec le plus grand succès.

Lichtart fut envoyé contre la province dos Ilheos, mais éprouva un échec à cause de l'amour de ses soldats pour le pillage ; une blessure que reçut ce général à la jambe décida la déroute de son parti, qui n'eut d'autre refuge que ses vaisseaux.

La ville de Bahia était mal fortifiée et mal pourvue des choses nécessaires pour soutenir un long siége. Nassau, à la tête d'une flotte de quarante voiles, parut au commencement d'avril 1638 dans ses parages ; il avait mis très-peu de jours à faire le trajet, et menait sept mille huit cents hommes pour le débarquement, qui s'effectua à une lieue environ de l'entrée de la baie de San-Salvador. Le premier adversaire qu'il eut à combattre fut le même Banjola qui avait si souvent fui devant les Hollandais. Ce général avait tant d'impressions fâcheuses à effacer, que d'abord toutes ses actions furent mal interprétées et donnèrent lieu dans la ville à des séditions. Toutefois Pedro da Sylva, gouverneur-général, s'étant convaincu de ses talens, lui laissa en entier le commandement militaire, et se borna aux soins de sa charge. Banjola eut bientôt l'occasion de se réhabiliter par le succès des mesures qu'il prit et qui sauvèrent la ville.

D'abord Nassau s'empara des forts d'Albert, de Saint-Barthélemy et de Saint-Philippe, qui dominent la ville ; mais Henrique Dias, Cameram et Souto combattaient pour Bahia. L'attaque générale fut tentée le 18 avril, à sept heures du soir, par toutes les troupes hollandaises dont put disposer Nassau, et après qu'il les eut électrisées par une harangue véhémente. La nuit fut plus désastreuse pour ses troupes que pour les Portugais. Banjola, Pedro da Sylva et les autres commandans, se couvrirent de gloire à la tête de leurs bataillons. Cette tentative échoua, et d'une manière si fatale, que Maurice de Nassau ne put la renouveler. Il n'était pas habitué à des revers, cette affaire fut cruelle pour lui : il est juste d'avouer qu'il avait fait des fautes palpables pour ceux-mêmes qui n'avaient pas ses talens. Ce malheur l'aigrit tellement que, forcé d'abandonner le siége de Bahia après avoir infructueusement battu ses murailles pendant quarante jours, et après y avoir perdu plus de trois mille hommes ainsi que la plus grande partie de son matériel, il fit porter le ravage sur tous les points de son immense baie. Son nom, qui avait été béni à Pernambuco, devint en horreur à Bahia; et la ville, à son départ, lui refusa la remise de ses prisonniers.

On reconnut, dans cette capitale, que son salut était dû à l'assistance de l'armée fugitive de Pernambuco, et la chambre municipale vota 16,000 crusades de gratification à ces généreux guerriers qui pour la plupart avaient tout perdu. La cour de Lisbonne, devenue indépendante, vota depuis des récompenses individuelles pour tous ceux qui avaient coopéré à ce succès. L'issue de cette campagne ranima enfin l'espoir de la nation portugaise, si longtems découragée.

De retour à Olinda, Maurice de Nassau s'efforça d'oublier le mauvais succès de sa campagne de Bahia, par les travaux administratifs auxquels il se livra; il réédifia plusieurs villes dont la Hollande fit inutilement les frais, puisqu'elle n'avait plus que quatorze ans à jouir de ce pays usurpé. Pernambuco, agrandie, reçut le nom de *ville de Nassau*.

La compagnie des Indes-Occidentales rendit alors le commerce libre à toutes les nations dans les possessions du Brésil, se réservant exclusivement celui des bois de teinture, des esclaves et des fournitures militaires. Cette mesure donna à ce pays un lustre momentané.

Sur ces entrefaites, l'amiral Jol fut envoyé pour s'emparer des galions du Mexique; mais la trahison ou la lâcheté de plusieurs de ses capitaines de vaisseau le mit hors d'état de remplir sa mission; il ne put non plus parvenir à les faire punir de leur infâme conduite. La république cependant commençait à avoir des soupçons relatifs à l'ambition de Maurice de Nassau, que l'on accusait de vouloir se fonder une monarchie dans les Etats du Brésil: loin de lui adresser les renforts qu'il sollicitait, elle n'envoya qu'un officier avec la mission secrète de scruter la conduite de ce général. On choisit ce même Artisoski que Nassau avait fait rappeler du Brésil, ainsi que Sigismond Schouppe, parce que leur gloire militaire lui avait fait ombrage. Artisoski n'était pas assez dissimulé pour remplir un rôle semblable; son inimitié seule pour Nassau le lui avait fait accepter. Il se mit tellement dans son tort qu'on le rappela de nouveau.

La Hollande tenait alors six capitaineries au Brésil : Seregipe, Pernambuco, Paraïba, Itamarica, Rio-Grande et Siara. Le rapport total était de 280,900 florins ; mais les abus auxquels avait d'abord remédié Nassau avaient reparu, les colons souffraient de grandes vexations, et les Hollandais, négligés de leurs commettans, étaient dans le dénûment d'une foule d'arcles de première nécessité.

En 1639 parut au Brésil la flotte commandée par Dom Francisco de Mascarenhas : cet armement avait été ordonné par Philippe IV, éclairé enfin sur la situation positive du Brésil, et sur les véritables intérêts de sa couronne. Il avait éprouvé en mer des contre-tems qui faillirent à l'anéantir ; la flotte portugaise devait être jointe aux îles du Cap-Vert par celle d'Espagne qui, selon l'ordinaire, se fit long-tems attendre. La contagion se mit dans la première, et fit périr trois mille hommes. La jonction s'étant opérée, Mascarenhas arriva à la vue des côtes de Pernambuco, et, n'osant risquer une descente dans l'état de faiblesse où étaient les équipages, il alla débarquer à Bahia pour s'y ravitailler. Avant de se remettre en mer, il envoya quelques partisans hardis, tels que Dias et Cameram, ravager les possessions hollandaises par terre, afin de faire diversion quand il tenterait une descente générale; mais Maurice de Nassau avait eu le tems de préparer des forces navales capables de lui résister. Quatre terribles combats eurent lieu à la vue des côtes. Le premier entre Itamarica et Goyana. L'amiral hollandais Loos y périt, et le succès en fut indécis. Le deuxième se livra entre Goyana et Cabo Branco, soutenu ainsi que les suivans par Jacques Haygens. Le troisième se donna près de Paraïba, et le quatrième près de Potengi. Les Portugais souffrirent dans ces actions; mais les vents contraires leur furent encore plus préjudiciables, de façon qu'ils ne purent effectuer à Torro, près de Rio Grande qu'un faible débarquement de troupes, sans vivres et sans munitions, commandées par Barbailho. La jonction de ce parti avec Dias et Cameram put seule les sauver d'une perte infaillible.

Mascarenhas, chassé du Brésil par des vents contraires, vint rendre compte en Europe de sa conduite, et par un dernier malheur fut jeté dans une prison de Lisbonne, d'où il ne sortit qu'à la réintégration de la monarchie portugaise.

L'orage qui avait menacé les Hollandais

s'était dissipé ; Nassau fit célébrer des fêtes, et punir quelques chefs qui avaient mal fait leur devoir : un d'eux fut exécuté. Cependant le pays était redevenu le théâtre des excursions des Cameram, des Dias, des Vidal et des Barbaalho. Ces quatre chefs, prévoyant que l'ennemi allait tourner toutes ses forces sur la capitale du Brésil, résolurent d'opérer, à travers trois cents lieues de territoire ennemi, une retraite qui les y conduisit pour concourir à la sauver encore. Les Hollandais venaient de faire une nouvelle alliance avec les cruels Tapuyas, qui étaient venus leur offrir leurs flèches et leur courage. Ministres des vengeances hollandaises, un grand nombre d'eux suivit l'amiral Jol dans l'expédition qu'il tourna contre la malheureuse baie de San-Salvador, avec la résolution seule d'y tout ruiner. Le Réconcave, dévasté une seconde fois, vit toutes ses anses rougies du sang des colons ; Bahia trembla, et ne fut rassurée que par l'apparition des quatre fameux partisans qui, vainqueurs des forêts, des fleuves et des hordes barbares, arrivaient enfin à la défense de ses murs. Jol s'éloigna de la baie, satisfait d'avoir détruit tous les établissemens qui faisaient la prospérité de cette capitainerie centrale.

Tel était l'état des choses quand arriva d'Europe, avec le titre de vice-roi du Brésil, dom Jorge de Mascarenhas qui, le cœur navré des effets de cette guerre d'extermination, proposa à Nassau une trève pendant laquelle toute hostilité cesserait jusqu'à ce qu'il fût statué en Europe sur le sort des colonies d'Amérique.

Déjà cependant le gouvernement du Brésil ne dépendait plus de la cour de Madrid : une révolution aussi heureuse dans ses résultats qu'elle fut peu sanguinaire, puisque le seul Vasconcellos, secrétaire du gouvernement usurpateur y périt, avait rendu à l'antique Lusitanie un souverain portugais. Tige régénérée de la dynastie actuelle, le duc de Bragance, proclamé et reconnu par toutes les puissances sous le nom

Jean IV, pour rassembler tous ses efforts contre l'opposition de l'Espagne, crut devoir contracter avec la Hollande, relativement au Brésil, une alliance de dix ans, par laquelle les Hollandais et les Portugais devaient rester maîtres paisibles de ce qu'ils auraient tenu du sort des armes, à partir du jour de la signature du traité, qui fut le 23 juin 1641.

Nous allons bientôt voir que si le rétablissement de la monarchie portugaise eut des suites très-heureuses, ce ne fut pourtant pas à la coopération directe de la métropole que le Brésil dut son affranchissement de la domination hollandaise; des particuliers en eurent tout l'honneur, et la cour n'y contribua qu'en n'y mettant pas d'entraves. Il est à propos de remarquer aussi que, dans l'accord passé entre le Portugal et la Hollande, chacune de ces deux puissances avait l'intention secrète de n'en pas observer les conditions.

Henrique Dias et dom Philippe de Cameram, ne voulant pas laisser impunies les cruautés exercées dans le Réconcave, portèrent, malgré le double traité, leurs sanglantes représailles jusque sous les remparts d'Olinda et de Pernambuco; une connaissance parfaite du pays leur assurait et le succès et des retraites impénétrables à la vengeance des Hollandais. Ces agressions furent néanmoins désavouées par le vice-roi; il répliqua aux plaintes des commissaires du grand-conseil qu'il ne pouvait répondre des fugitifs de son parti, et qu'on les punît selon les lois des nations. A partir d'ici, la guerre sourde que firent les Portugais et les Brésiliens aux usurpateurs fut entièrement patriotique; il est à regretter que l'espace manque pour donner à l'histoire de cette lutte tout le développement qu'elle mériterait.

D'un autre côté, la compagnie avait usé d'un subterfuge pour acquérir quelques possessions nouvelles au Brésil avant l'exécution du traité; il fut commandé qu'on ne le proclamât dans cette colonie qu'un an après son émission, en donnant d'ailleurs à Nassau un ordre de tout tenter pour accroître le domaine hollandais. La prise de la ville de San-Christoval dans la capitainerie de Seregipe et celle de l'île de Maragnan furent les fruits de cette mesure inique, et accrurent d'autant ce territoire. Une flotte considérable, partie du Récif par les ordres de Maurice de Nassau, s'empara aussi de quelques établissemens portugais sur la côte d'Afrique, dans la vue de pouvoir s'y fournir continuellement de nègres nécessaires à l'agriculture.

Jean IV dut avoir connaissance de cette contravention à la foi du traité; mais il dissimula son mécontentement, et prit dès-lors la résolution de mettre en œuvre de pareils moyens contre la Hollande.

Tout était sur ce pied quand la compagnie, qui ne voulait plus tenter d'expéditions militaires, résolut de rappeler Maurice de Nassau, qui menait ses finances plus vite qu'elle n'eût désiré, et dont l'ambition personnelle l'effrayait encore : ce rappel fut néanmoins le coup le plus funeste que dussent souffrir ses intérêts.

Hamel, marchand d'Amsterdam ; Bassis, orfèvre de Harlem, et Bullestraat, charpentier de Middelbourg, furent transformés en directeurs généraux de la colonie, et remplacèrent le comte Maurice de Nassau. Sous eux tout se détériora ; les abus vexatoires se renouvelèrent, et les déprédations n'eurent plus de bornes : eux-mêmes, comme s'ils eussent été ligués contre leur pays, vendaient aux Portugais, qui ne pensaient qu'à secouer le joug, les propres armes et les munitions qui servirent à expulser les Hollandais. Les forteresses tombaient en ruine et n'étaient point réparées ; les soldats, désireux de revoir leur pays, étaient licenciés dès qu'ils le demandaient ; enfin l'intérêt des directeurs était mis à la place des sacrifices qu'eût dû leur imposer une administration éclairée. Un rapprochement fatal avait réintégré dans leurs propriétés ces partisans qui s'étaient rendus fameux pendant le cours de la guerre, et leur donnait, à cause de leurs richesses, des rapports immédiats avec le gouvernement hollandais, dont ils eurent l'adresse de tirer parti quand l'occasion s'en présenta.

Dès 1645 ces hommes impatiens résolurent de se défaire par trahison des chefs du gouvernement, et de faire ensuite main-basse sur tous les Hollandais. Un des leurs, nommé Antonio Cavalcante, à l'occasion du mariage d'une de ses filles, devait inviter tous les chefs hollandais à un repas qui eût été le dernier pour eux. Le complot ayant été découvert, il se sauva, et tous les colons suspects, à la tête desquels se trouvait Vieira, furent bannis : ce fut le principe de la rébellion générale des Portugais. Les gouvernans furent obligés de mettre des troupes en campagne. Ce même Vieira, qui s'était distingué si jeune à la première descente des Hollandais au Récif de Pernambuco, figure, à partir de ce moment, comme le héros principal. Des expéditions sorties de Bahia commencèrent à se montrer sur les côtes, y débarquant des détachemens dont s'augmentèrent les forces des rebelles, qui eurent bientôt Serinham en leur pouvoir. Aux plaintes réitérées des Provinces-Unies, le roi de Portugal répond qu'il ignore et désavoue ces faits; le gouverneur de Bahia tient le même langage.

Pendant environ dix ans cette guerre fut continuée au Brésil avec la même dissimulation de la part de Jean IV et de ses gouverneurs : enfin ouvrant les yeux, les Hollandais, si long-tems abusés, veulent armer puissamment et se joindre au Protecteur d'Angleterre pour faire repentir la cour de Lisbonne de ses sourdes menées : il n'était plus tems! la nouvelle arriva à Amsterdam, que le Brésil, entièrement évacué, était rentré sous la domination portugaise.

On en doute d'abord; on active les ordres donnés pour attaquer, partout où on les rencontrera, les expéditions portugaises; mais plusieurs mois après, Jean IV, par une politique adroite, envoie sans rançon, dans les ports de la Hollande, un grand nombre de bâtimens marchands appartenant à la république, qu'il eût pu garder prisonniers. Il comptait assurer par des voies de conciliation le résultat des nouveaux événemens; ce qui eut effectivement lieu.

A cet effet le gouvernement portugais offrit à la Hollande un dédommagement en argent de la perte de ses établissemens au Brésil, représentant que les intérêts bien entendus de la compagnie des Indes-Orientales voulaient qu'elle fît cette concession aux Portugais, avec lesquels elle devait s'unir contre l'Espagne, l'ennemi commun des deux puissances.

Entre autres articles d'un traité de commerce établi dans les règles et détaillé en vingt-six articles, le Portugal devait avoir la jouissance exclusive du Brésil, moyennant le paiement de 4,000,000 de crusades (10,000,000 de fr.) qu'il complèterait en argent, en sucre et en tabac : telles furent les bases du traité de paix signé à la Haye en 1661.

Les Provinces-Unies tournèrent toute leur animosité contre Schonembourg et Schouppe, qui dirigeaient les affaires du Brésil à l'époque de l'expulsion des Hollandais ; ils ne manquèrent pas d'excuses et alléguèrent le dénûment de tout secours où les avait laissés la compagnie. De graves enquêtes furent faites et de très-légères punitions infligées : Schouppe fut privé de ses appointemens depuis la perte de la colonie, et condamné à acquitter les frais de justice.

Pendant cette guerre dite d'invasion que firent les Portugais d'Amérique aux Hollandais pour les expulser du Brésil, on ne peut s'empêcher d'admirer jusqu'où l'héroïsme d'un homme peut aller, quand il est étayé de l'amour de la patrie : Vieira la fit tout entière en son nom et à ses frais. S'agit-il de ravager une portion du pays pour nuire à l'ennemi, ce sont ses vastes propriétés qu'il fait incendier. Sa tête est mise à prix par ses adversaires ; d'ingrats compatriotes, jaloux de sa gloire, ourdissent et exécutent des complots contre sa précieuse vie ; la Providence étend un bouclier sur lui et le fait paraître encore plus grand. Il reçoit un ordre formel de Jean IV de déposer les armes. « Si le roi mon maître » était ici, répond-il, il en donnerait un » contraire ; je prends sur moi les risques » de la désobéissance. » La cour envoie le général Baretto pour le remplacer dans le commandement ; il redevient simple officier d'une armée qu'il a créée, et par son influence il est encore l'ame de l'expédition.

Combien n'est-il pas secondé par ceux dont les noms déjà illustrés acquièrent une nouvelle célébrité ? quelques-uns y mettent le sceau par un trépas héroïque ; de ce nombre est le généreux indigène Philippe Cameram. Toutes les citadelles sont reprises avec des forces inférieures, des batailles rangées gagnées ; le siége enfin est devant Pernambuco, qui n'éprouve quelques soulagemens que par le retour de Sigismond van Schouppe qui revient d'Europe avec un renfort considérable. Il avait vu fuir les Portugais, il fuit maintenant devant eux ! il les admire. D'autres généraux, jaloux de ses longs travaux et de sa gloire, pensent l'effacer par des succès, ils tombent plus vite encore ; mais tant que la mer est libre pour les Hollandais, tant qu'ils peuvent recevoir les secours que la république leur envoie de loin en loin, on ne peut espérer de réduire leur dernier rempart.

Sur ces entrefaites paraît sur la côte Pedro-Jacques de Magaglionès avec une flotte respectable et la défense expresse de prendre part aux hostilités. L'enthousiasme dont brûle Vieira se communique à l'amiral portugais et lui fait enfreindre les ordres qu'il a reçus ; c'est enfin à la coopération de cette force maritime qu'est due la perte des ennemis. Pernambuco, à la dernière extrémité, capitule pour s'épargner une ruine inévitable ; et par ce fameux traité le grand-conseil signe l'acte d'évacuation de toutes les places que peuvent encore tenir les Hollandais dans l'Amérique-Portugaise.

Jean IV est reconnu seul maître de toute cette vaste colonie, et paie par ses bienfaits les services qu'on lui a rendus malgré lui. Le chef de la chrétienté s'en applaudit, et donne à Vieira le titre de restaurateur de l'Eglise en Amérique; l'Europe lui décerne unanimement celui de héros du Brésil.

On doit présumer que si les Hollandais eussent pu y maintenir leur puissance, ils l'eussent conquis en entier : combien leur voisinage ne fut-il pas préjudiciable à Bahia! que de fois les colons du Réconcave n'ont-ils pas vu leur espoir anéanti et leurs familles moissonnées par le fer et la flamme! Nulle part aussi ils n'étaient plus abhorrés, et la chaire chrétienne y retentissait continuellement de malédictions contre eux. L'historien désintéressé admire dans leur conduite l'esprit qui les a dirigés dans leurs autres entreprises; il est à regretter que tant d'efforts n'aient pas été faits pour une cause plus juste que celle qu'ils avaient adoptée.

Nous n'avons pu, dans un cadre si étroit, qu'ébaucher la peinture des faits glorieux qui ont assuré à Jean IV l'entière possession d'un pays que Jean VI devait plus tard vivifier par sa présence, et qui, élevé par ce fait seul au rang de royaume, est la seule des vastes contrées de l'Amérique qui ait vu le couronnement d'un monarque chrétien. Dignes de leurs ancêtres, les Brésiliens n'ont cessé de marquer à ce prince qui les chérit, qu'ils seraient prêts à se sacrifier encore pour sa dynastie; ils en sont récompensés d'avance par le bienfait du régime constitutionnel que la sagesse du roi a voulu étendre à ses nombreux Etats, pour leur servir de centre et de sauve-garde.

Au moment où nous écrivons, Jean VI vient de se rendre aux vœux long-tems exprimés de ses sujets d'Europe; et, de retour à Lisbonne, il a laissé un autre lui-même au Brésil, dans la personne du prince dom Pedro d'Alcantara, l'héritier présomptif de la couronne.

Nous ferons connaître aux chapitres consacrés à chaque capitainerie les troubles passagers dont quelques-unes ont été agitées, et qui n'ont pas mis d'obstacles au développement rapide de la civilisation. Le voyageur, en effet, s'étonne continuellement du nombre et de l'état florissant des villes de cet immense pays, qui ne compte que trois cent vingt ans d'existence européenne.

Pour épuiser les généralités dans ce premier volume, les chapitres suivans sont donnés à la peinture des mœurs des sauvages indigènes, à l'histoire naturelle et à la géographie générale.

CHAPITRE IV.

Géographie générale.

Le Brésil, qui s'étend depuis le fleuve des Amazones, du deuxième parallèle de latitude nord, au trente-cinquième de latitude sud, peut avoir à peu près neuf cents lieues communes de longueur; on calcule que sa plus grande largeur doit être de sept cents lieues, et que les sinuosités de l'Océan lui en donnent douze cents de côtes.

Cependant, selon les derniers traités, il doit commencer actuellement à l'embouchure du Rio Marony, par les six degrés nord, et s'étendre jusqu'au parallèle de trente-trois degrés de latitude australe;

sa largeur dans ce cas est aussi plus considérable, puisqu'on l'indique depuis le Cap-Blanc jusqu'à la rivière Hyabary.

Les géographes sont encore néanmoins dans l'usage de considérer cette vaste contrée comme bornée au nord par l'Océan-Atlantique et le fleuve des Amazones, qui la sépare de la province de Terre-Ferme, et au sud par le golfe où se jette le Rio de la Plata. A l'est elle est encore baignée par l'Océan, et ses limites naturelles du côté de l'ouest sont le Rio Paraguay et la Madeira qui, en se dirigeant tous deux dans un sens opposé, forment une presqu'île dont l'isthme est situé entre les rivières d'Aguapehy et d'Alègre.

Quoique cette immense portion de l'Amérique-Méridionale offre un grand nombre d'inégalités, on doit la considérer comme un pays plutôt plat que montueux. Le centre est presque entièrement occupé par un vaste plateau désigné sous le nom de *Campos Parexis*, et environné de tous côtés de hautes montagnes du même nom, d'où se prolongent parallèlement aux côtes du nord les chaînes das Esmeraldas, et do Serro do Frio ; au nord on voit s'élever les Carirys ou Borborèma ; dans Minas Geraës, les Mantigueiras ; et vers la province de Bahia, les Aymorès qui affectent la forme d'un buffet d'orgue, et se prolongent à une distance plus ou moins considérable des côtes jusqu'à Sainte-Catherine : mais toutes ces chaînes de montagnes changent de nom dans leur cours, et en adoptent d'autres que nous ferons connaître sommairement en décrivant chaque capitainerie.

Un nombre presque incalculable de fleuves, de rivières et de torrens, fertilisent le Brésil, et facilitent les communications de l'intérieur avec le bord de la mer. L'Amazone, qui prend ses sources au milieu des Andes, et traverse ensuite dans toute sa largeur l'Amérique-Portugaise, peut être considéré à juste titre comme le plus grand fleuve du monde ; on le voit dans un cours de treize cents lieues recevoir une foule de tributaires, et se perdre enfin dans l'Océan, après avoir baigné des pays encore déserts, et qui, par leur fertilité, mériteraient déjà depuis long-tems d'être habités par un peuple agriculteur et laborieux.

Moins considérable que l'Amazone, le Rio de la Plata forme cependant avec lui la première division des fleuves de l'Amérique-Portugaise. La seconde se compose du Rio Madeira, du Tocantin, du San-Francisco et du Paranna, qui, sans les sinuosités, peuvent avoir jusqu'à trois ou quatre cents lieues de cours. Le Tapajoz, le Xingû et l'Uruguay font un troisième ordre, et n'ont pas moins de deux cents lieues d'étendue. On compte dans le quatrième l'Itapicurù du Maranham, le Paranahyba, le Paraïba du sud et le San-Pedro ou Jaguaribe. Ceux qui viennent ensuite, quoique infiniment nombreux, ne sont pas tous d'une navigation facile, à cause des chutes et des courans qu'on est obligé de remonter continuellement avec des peines infinies.

Ce pays, qui, par sa position géographique, est appelé à jouer un rôle si important dans le commerce, présente dans toute l'étendue de sa côte une foule de ports et de baies, où le navigateur peut trouver un abri assuré contre les tempêtes. C'est néanmoins la province de Bahia que la nature semble avoir le plus favorisée. Sous ce rapport elle possède deux ports vraiment magnifiques: la baie de San-Salvador et celle de Cammamou sont, il est vrai, très-rapprochées l'une de l'autre; mais elles offrent des avantages inappréciables que nous ferons connaître, et qu'elles partagent cependant avec les rades de Rio Janeiro, et d'Angra dos Reys. La baie de la Trahiçaon dans la province de Paraïba, le port de Tamandaré dans le Pernambuco, celui de Santos dans la province de Saint-Paul, doivent être considérés ensuite, avec l'anse de Maldonado, comme les plus importans mouillages.

Des fleuves considérables ou des routes par terre, communiquant avec l'intérieur, aboutissent ordinairement à ces différens ports, et permettent l'exportation des denrées du pays, qui depuis quelques années y arrivent en abondance, et indiquent d'une manière certaine les progrès de l'agriculture.

Parmi les promontoires que les navigateurs remarquent le long de la côte, on distingue le cap Saint-Roch, formant l'angle nord-est du pays. On voit près de Pernambuco celui de Saint-Augustin, et c'est le cap Frio que l'on aperçoit ordinairement avant que d'entrer à Rio Janeiro. Le promontoire de Santa-Maria est tout-à-fait voisin du Rio de la Plata.

Les îles dépendantes du Brésil sont infiniment peu nombreuses; et à l'exception de Fernando de Noronha et de la Trinité, qui doivent être considérés comme de fort peu d'importance, les autres se rapprochent beaucoup du continent, telles que Sainte-Catherine et Maranham qui font partie des provinces dont elles tirent leur nom.

Depuis Para jusqu'à Olinda, la côte septentrionale est couverte d'îlots et de récifs, qui forment une espèce de digue, sur lesquels viennent se briser les vagues de l'Océan, et quelquefois présentent l'aspect d'un môle naturel, courant parallèlement à la terre.

Vers le 23° de latitude sud, à peu de distance de Porto-Seguro, et en face la barre du Rio de Caravellas, on trouve, à peu près à douze lieues en mer, les îles de Santa-Barbara, connues sous le nom des *Abrolhos*, et célèbres par plus d'un naufrage ; elles sont au nombre de quatre, situées à peu de distance l'une de l'autre : la plus grande peut avoir une demi-lieue de longueur ; mais les roches basses s'étendent à environ soixante lieues est-ouest.

Telle est l'heureuse situation du Brésil, que l'on peut y rencontrer presque tous les climats : les chaleurs se font sentir, il est vrai avec force, depuis le Para jusqu'à l'extrémité de la capitainerie de Rio Janeiro ; mais un peu plus au sud, en suivant la côte, et vers Minas Geraës dans l'intérieur, elles sont tellement modérées, qu'on peut cultiver différens arbres de l'Europe dont on obtient du fruit, même en abondance. Quelquefois cependant, le froid devient sensible dans le Serro do Frio, et à l'extrémité méridionale de la côte vers la capitainerie de Saint-Vincent.

La saison des pluies; que l'on regarde comme l'hiver entre les tropiques, règne sur les bords de la mer depuis le mois de mai jusqu'au mois d'août. A cette époque la nature semble prendre des forces nouvelles, et la végétation brille d'un éclat qu'elle ne perd jamais entièrement, même au milieu des plus grandes sécheresses. Pendant la saison où le soleil darde ses rayons les plus brûlans, des vents de mer auxquels les Portugais donnent le nom de *viraçam*, viennent rafraîchir l'atmosphère, et ranimer par leur souffle périodique les hommes et les animaux accablés de chaleur.

L'Amérique-Portugaise est divisée en neuf gouvernemens du premier ordre, et dix du second, tous désignés sous le nom de capitainerie, qui se partagent ensuite en *commarcas* ou districts, dans chacun desquels il y a un *ouvidor* qu'on peut considérer comme un juge en seconde instance, dont on appelle aux cours souveraines. Le titre de *cidade* ou ville ne s'accorde ordinairement qu'aux capitales, et les bourgs prennent tous celui de *villa*. Les *povoaçoens* sont des villages, les *freguezias*, des espèces de hameaux considérés comme paroisses, et les *arrayals*, des espaces de terrain sur lesquels se trouvent plusieurs fermes ou plusieurs bâtimens.

CHAPITRE V.

Histoire naturelle.

L'INTÉRIEUR, où l'or et les pierres précieuses se trouvent généralement rassemblés, présente, surtout vers le couchant, des plaines argileuses parsemées de roches calcaires, que l'on ne voit plus au Levant où la terre devient vitrescible sans changer de nature jusqu'au bord de la mer. Les montagnes dans cette partie sont couvertes, surtout vers le Serro do Frio, de roches de grès micacé, divisible en feuilles plus ou moins épaisses et flexibles (1), dont la texture en certains en-

(1) C'est le *grès micaceo flexivel*. (Haüy.)

droits est extrêmement poreuse, mais qui, dans d'autres, acquiert assez de dureté pour que l'on croie voir du quartz. Sous celles-ci on en trouve d'autres, composées d'argile foliée ou schisteuse, d'abord presque terreuse, et ensuite infiniment plus solide ; elles renferment une infinité de cristaux, de mine de fer en octaèdre, ou de fer sulfuré ; c'est ordinairement dans ces deux espèces de roches que se trouvent les filons métalliques.

Le granit n'occupe point les parties les plus élevées, on le rencontre toujours au dessous des roches *sablono-lamelleuses*, et il est composé de cristaux de feldspath, plus ou moins gros, très-blancs, de quartz d'une teinte obscure et de mica.

A la base de ces grandes chaînes, principalement vers les montagnes de seconde formation, servant comme de muraille aux fleuves, on trouve des roches de sable et de mica renfermant un grand nombre de morceaux de quartz roulé, dont les uns sont blancs, tandis que les autres ont été colorés en vert pâle par le fer. Ils se trouvent mêlés avec l'actinote fibreuse également roulée, et formant une espèce de poudding.

Vers le bord de la mer toutes les montagnes sont granitiques, et ne contiennent malheureusement point de plâtre.

On trouve dans certaines provinces des ardoises, de la magnésie, de l'alun, du talc, de l'amianthe, du molybdène, du soufre, du salpêtre, du sel gemme ; et l'on rencontre fréquemment des pierres à aiguiser de différentes espèces, ainsi que celles que l'on emploie pour les fusils. Il existe aussi du jaspe et des agates.

Quoique les pierres précieuses du nouveau monde soient généralement beaucoup moins estimées que celles venant de l'Orient, elles ont long-tems formé une grande partie de la richesse du Portugal. Le diamant ne se trouve que dans Minas et certaines portions du Mato-Grosso, de Goyaz et de Saint-Paul ; mais l'on peut se procurer, dans la plupart des provinces limitrophes, des rubis, des saphirs, des émeraudes, des chrysolithes, des topazes des améthystes, des aigues-marines et une foule de cristaux.

Tout l'or que l'on tire de ce pays s'obtient par le moyen du lavage, et l'on n'en a point encore découvert de mines, à proprement parler ; il se trouve disséminé en paillettes, en grains, ou en petites masses désignées sous le nom de pépites, au milieu des sables aurifères qui, généralement répandus à la superficie du sol, ne s'étendent en profondeur dans la terre qu'à quelques pieds ou quelques toises tout au plus.

C'est également par le lavage que l'on peut obtenir le platine ; mais l'argent se trouve, ainsi qu'au Mexique et au Potosi, disséminé dans des mines ou des pierres. Le cuivre, l'étain et le plomb, se rencontrent en plus ou moins grande abondance selon les capitaineries, et l'on a découvert dernièrement vers le sud des mines de fer, destinées à devenir peut-être de la plus haute importance.

Les productions du Brésil varient nécessairement en raison de la température des différentes provinces de ce vaste royaume; aussi y voit-on prospérer la plupart des plantes utiles des trois autres parties du monde. Les forêts immenses qui le couvrent presque entièrement offrent des bois de toute espèce, également propres à la construction et à l'ébénisterie; mais, en voulant y pénétrer, le voyageur se trouve à chaque instant arrêté par des troncs énormes renversés depuis des siècles, et par des lianes sans nombre qui, après s'être élancées d'arbre en arbre, se sont réunies pour former comme une barrière insurmontable à travers laquelle on ne peut souvent se frayer un passage qu'en employant la hache ou plutôt le fer tranchant d'un sabre.

Ces plantes singulières, qui semblent ne pouvoir exister qu'aux dépens des arbres auxquels elles s'attachent, ne sont point toutes inutiles; on en trouve plusieurs dont les Brésiliens ont su tirer un véritable parti : tels sont la liane tannante, qui acquiert la grosseur du bras et que les corroyeurs emploient avec avantage, le *cipo* du Belmonte, qui sert à la nourriture des indigènes, et une foule d'autres dont on apprend chaque jour à connaître les propriétés.

Quelque riche que puisse être la végétation du bord de la mer, elle l'est bien moins que dans l'intérieur. C'est sur le rivage des fleuves que la nature déploie toute sa pompe; des arbres d'une hauteur imposante y protègent de leur ombrage des plantes modestes dont les fruits et les racines sont des remèdes puissans. Nous décrirons ces plantes après avoir fait connaître quelques-uns des grands végétaux indigènes plus remarquables encore par leur utilité que par leur élévation.

La famille des palmiers, si nombreuse en Afrique et en Asie, est aussi très-répandue dans l'Amérique-Méridionale ; au Brésil on en tire des avantages inappréciables ; elle fournit de l'huile, des cordages, certaines boissons et un chaume impénétrable, réservé pour les pauvres habitations des indigènes civilisés. Le cocotier (*cocos mucifera*) offre même à lui seul presque tous ces objets d'utilité réunis, et croît en outre absolument sans culture au milieu des sables du bord de la mer.

Cet arbre, qui dans la nature des tropiques est d'un si brillant effet, s'élève quelquefois jusqu'à soixante pieds de hauteur ; son tronc élégant sert de support à un faisceau de feuilles, de dix à onze pieds de longueur, composées de folioles extrêmement étroites. C'est à l'extrémité de ces grandes feuilles que l'on voit sortir un panicule chargé de fleurs auxquelles succède un fruit, enveloppé d'une écorce fibreuse, qui, pour la grosseur, peut être comparé à la tête d'un homme. La noix de coco est revêtue en dedans d'une substance extrêmement blanche, assez solide et d'un goût fort agréable. Elle contient une eau dont la couleur et la saveur varient suivant le degré de maturité de l'amande. Lorsque celle-ci est encore molle, la liqueur est plus abondante, mais presque insipide et d'une teinte blanchâtre; elle devient ensuite limpide, aigrelette, et très-rafraîchissante avec un goût légèrement sucré. On peut en donner une idée assez exacte en la comparant au petit-lait.

Il serait trop long de faire connaître les différens usages auxquels peut être propre le cocotier, puisqu'il offre à l'homme les moyens de subvenir à presque tous ses premiers besoins.

Quoique d'une utilité moins générale que l'arbre que nous venons de faire connaître, le manglier mérite une place à ses côtés; il se plaît comme lui sur les bords de la mer qu'il anime par sa brillante verdure, et on le voit même s'avancer au milieu des eaux dont il est presque entièrement recouvert dans les hautes marées. Un seul arbre de cette espèce suffit pour en produire des milliers d'autres ; il étend ses racines en courbes partant de différentes parties du tronc ; elles s'enfoncent dans la vase, et produisent bientôt une tige qui ne tarde pas à acquérir la hauteur de celles qui l'environnent ; des huîtres s'attachent presque toujours à ses racines ou branches renversées, et servent à la nourriture des habitans du bord de la mer. Le manglier n'acquiert jamais plus de quinze ou vingt pieds d'élévation, il est même souvent infiniment plus petit. Ses feuilles d'un très-beau vert sont lisses et ovales. On se sert de l'écorce pour le tannage des cuirs.

C'est en général dans la province de Pernambuco que l'on trouve en plus grande abondance *l'ibirapitanga*, connu sous le nom de bois de Brésil. Cet arbre s'élève quelquefois à la hauteur d'un chêne; ses branches sont alternes de même que ses feuilles qui ont à peu près la forme de celles du buis. Ses fleurs d'un blanc jaunâtre ont aussi quelque analogie avec celles du muguet. Les Portugais en distinguent trois espèces : le *brazil-mirim*, *le brazil-assou* et le *brasilèto*, donnant tous une teinture plus ou moins estimée : le *brazil-mirim* est regardé comme le meilleur ; son tronc est plus gros, son écorce plus rouge et moins épaisse, ses fleurs assez blanches et extrêmement petites ; la teinture que l'on en extrait est infiniment plus brillante que celle du *brazil-assou*. Si ce bois, que l'on achète à grands frais pour être transporté en Europe, n'était point aussi précieux, il pourrait servir à la construction des édifices, car il dure fort longtems employé en charpente ; et l'on a même remarqué qu'il acquérait dans l'eau une nouvelle dureté.

Le *jacaranda*, dont on fait de si beaux meubles, croît spontanément dans les forêts du Brésil ; il s'élève à une hauteur de douze ou quinze pieds sur huit pouces de diamètre, et est divisé en un grand nombre de branches étalées, dont les feuilles en pointes sont assez petites. Ses fleurs bilabiées sont d'une belle couleur violette, et couvertes de poils blancs et soyeux. Il y a plusieurs espèces de bois, mais le plus estimé est celui dont la couleur brune très-foncée tire un peu sur le violet.

On ignorait que le *quinquina*, découvert au Pérou il y a près de trois siècles, existât dans le Brésil; mais il a été trouvé depuis assez peu de tems vers les sources du Guyaba. Cet arbre, du genre de la pentandrie monogynie et de la famille des rubiacés, parvient à une grosseur médiocre; ses feuilles sont pétiolées, amples, ovales, obtuses, rétrécies à leur base, velues en dessous et marquées de fortes nervures; ses fleurs, d'un blanc assez agréable, terminent le rameau en manière de panicule ouvert. Les naturalistes en comptent plus de trente espèces; mais il existe encore une grande incertitude sur l'application du nom des écorces se trouvant dans le commerce aux espèces connues; elles sont aussi quelquefois mélangées avec celles d'arbres de genre voisin ou éloigné.

On n'emploie pas seulement l'écorce du *quinquina* comme fébrifuge, mais on s'en sert avec le plus grand succès dans les cas où les toniques et les antiseptiques sont nécessaires. Dans les pharmacies, on n'en connaît guère que trois espèces désignées sous les noms de *quinquina gris*, *quinquina rouge* et *quinquina jaune* ou *royal*: la première, qui est desséchée avec soin et roulée en forme cylindrique de la grosseur du doigt, devient de plus en plus estimée des négocians; mais on lui préfère quelquefois l'écorce rouge donnée par le *chinchonia oblongifolia*; elle est d'une saveur très-amère et fournit plus de résine que la précédente.

Le *quinquina jaune* se rencontre souvent dans le commerce, recouvert d'un épiderme très-épais, facile à enlever. Quand il est en morceaux plats, d'un jaune pâle et d'une odeur faible, privé de ce même épiderme, on le désigne sous le nom de *quinquina royal.* Les écorces arrivant du Brésil sont en général regardées comme d'une qualité inférieure.

Un des arbres les plus curieux et les plus utiles de toute l'Amérique-Méridionale est sans contredit le châtaignier du Maranham, auquel M. de Humbolt donne le nom de *Bertolletia.* On le voit s'élever majestueusement à plus de cent pieds de hauteur, et il a ordinairement deux ou trois pieds de diamètre. Ses rameaux alternes se replient vers la terre à leur sommet ; ses feuilles également alternes, oblongues, de cinq à six pouces de long, sont d'un très-beau vert. Il porte des noix sphériques, très-solides et extrêmement raboteuses, de la grosseur de la tête d'un enfant, divisées intérieurement en quatre loges. Ces espèces de cocos contiennent dans chaque séparation six châtaignes d'un pouce à un pouce et demi de grosseur, qui ont le goût de nos amandes, et forment un aliment extrêmement agréable, très-recherché des différentes tribus sauvages.

Quoique ayant de l'analogie avec le châtaignier du Maranham, le *sapoucaya* ne doit pas être confondu avec lui. Son fruit est à peu près de la même grosseur, et contient également des espèces d'amandes; mais il est encore plus singulier: un couvercle très-épais le ferme hermétiquement à l'extrémité inférieure, et permet d'en faire des vases commodes quand il a été enlevé pour retirer ses fruits renfermés intérieurement. Le *sapoucaya*, dont on n'a point encore observé les fleurs, parvient à une hauteur très-considérable. On ne le trouve guère que dans l'intérieur où il fait l'ornement des forêts à l'époque où son feuillage encore jeune est du rose le plus brillant. Les singes, par un instinct naturel, enlèvent avec leurs dents l'espèce de brou qui recouvre la noix et son couvercle, et la frappent ensuite contre une pierre ou un arbre, jusqu'à ce qu'elle soit ouverte. Il leur serait parfaitement impossible de la briser, puisqu'elle a près d'un demi-pouce d'épaisseur.

Les sauvages, qui sont presque tous dans l'usage de se teindre le corps de différentes couleurs, se servent ordinairement pour cela des fruits de certains arbres, parmi lesquels on distingue le *jenipapeiro*, décrit par Pison sous le nom de *janipaba*.

Son tronc extrêmement droit parvient à une certaine hauteur, ses feuilles d'un vert obscur sont oblongues, et tombent entièrement tous les ans, ce qui forme une singularité très-remarquable dans la nature des tropiques. Ses fleurs assez petites paraissent en mars et en avril; leur couleur est blanche, elles ont quelque analogie pour la forme avec celles du narcisse; le fruit qui leur succède acquiert la grosseur d'une belle pomme; sa peau extrêmement fine et cendrée couvre une substance assez solide, qui renferme une pulpe blanche contenant des espèces de pépins. Il reste sur l'arbre pendant une année entière, et n'est parfaitement mûr que lorsque de nouvelles feuilles ont succédé aux anciennes. Son goût n'est point très-agréable, on peut le comparer à celui d'une mauvaise pomme cuite ; il est extrêmement astringent, et sert de remède dans plusieurs maladies. Les indigènes en font une espèce de vin qui, en vieillissant, n'est point très-désagréable. C'est de l'écorce encore verte entourant sa pulpe que l'on tire une teinture noire qui, appliquée sur la peau, reste huit ou neuf jours sans pouvoir s'effacer, même en allant continuellement dans l'eau.

L'*urucu* ne peut guère être considéré que comme un grand arbuste ; ses feuilles sont cordiformes ; ses fleurs, disposées en bouquet, ont une teinte rosée, et sont de la *polyadelphie*. Son fruit qui parvient à la grosseur d'une châtaigne est rougeâtre, composé de deux valvules parsemées d'épines molles et rares, et tapissées intérieurement d'une membrane qui contient une grande quantité de petites graines couvertes d'une substance rouge, qu'on délaye dans l'eau pour en obtenir une teinture très-recherchée, particulièrement des sauvages.

Le *gaïac*, que l'on emploie fréquemment en médecine comme un puissant sudorifique, mériterait au Brésil d'être classé parmi les arbres d'agrément. Il est assez élevé, porte des feuilles d'un vert pâle, presque rondes, réunies deux à deux; et ses fleurs, d'un beau bleu, paraissent en grand nombre au sommet des rameaux; on les classe dans la *décandrie monogynie* de Linné.

Le *cacaoyer* croît spontanément sur les bords de la Madeira et du Tocantin, où il forme presque des forêts. Il est d'une moyenne grandeur, et porte des rameaux garnis de feuilles verdâtres, alternes, assez grandes, ayant beaucoup d'analogie avec celles du châtaignier. Ses fleurs, de la *polyadelphie pentandrie*, naissent sur les branches et même sur le tronc. Elles sont jaunâtres ou d'un blanc rosé, et produisent un fruit oblong, épais, assez semblable à un petit melon, d'abord d'un vert pâle, puis jaunâtre, et enfin d'un rouge foncé, parsemé de points jaunes à l'époque où il est en parfaite maturité. Il contient trente ou quarante amandes oblongues, lisses, d'un violet clair, couvertes d'une enveloppe cassante, et renfermées dans une substance blanchâtre muqueuse, de saveur assez douce. Ces amandes après avoir été torréfiées deviennent la base du chocolat.

Parmi les arbres indigènes portant des fruits rafraîchissans, on doit distinguer le *cajueiro* ou *acajaba*, qui croît ordinairement dans les terrains sablonneux. Son tronc noueux ne s'élève point à une hauteur considérable. Ses feuilles sont rondes et d'un vert assez brillant. Il porte vers le mois de septembre une grande quantité de petites fleurs réunies en bouquet, d'abord assez blanches, et enfin d'un rose obscur, auxquelles succède un fruit connu sous le nom de *cajou*, qui prend à peu près la forme d'une poire de moyenne grosseur, et contient sous une peau fine, lisse, brillante et quelquefois d'un beau rouge, une substance blanche, spongieuse, sans pépins, donnant un jus quelquefois extrêmement acerbe, et cependant d'un goût aigrelet fort agréable. C'est à son extrémité que l'on voit un appendice connu sous le nom de *noix d'acajou*. La pomme de *cajueiro*, que l'on rencontre presque partout dans les campagnes du bord de la mer, offre pendant quelques mois un rafraîchissement salutaire au chasseur. On en fait dans les cafés une limonade agréable et une espèce de vin, qu'on peut conserver une grande partie de l'année, et auquel on attribue plusieurs vertus.

Le *guabirabeira* est un des plus grands arbres fruitiers du pays. Sa feuille est un peu plus petite que celle du pêcher, et il porte un fruit semblable à une poire pour la forme et la grosseur, que l'on mange comme les cormes.

Le *jabulicabeira* donne un fruit très-estimé des Brésiliens. C'est un arbre assez petit, dont les feuilles d'un vert brillant changent de forme quelquefois sur la même branche. Ses fleurs ne paraissent que sur le tronc, à partir de la base jusqu'à l'endroit où les rameaux prennent une certaine grosseur. Le fruit qui leur succède a ordinairement la grosseur et la couleur d'une cerise; il est entouré d'une peau assez forte qui renferme une pulpe ayant le goût du gros raisin; on en distille une liqueur forte.

Le *jambeiro* donne un fruit de la grosseur de nos pommes d'api, mais d'une couleur jaune claire, creux intérieurement, et renfermant une espèce de graine ronde. Il est d'une saveur assez insipide, et cependant son parfum est absolument celui de la rose. On peut en obtenir une eau-de-vie qui garde la même odeur.

Le *pitangueiro* à feuilles de myrte forme, dans beaucoup d'endroits, des espèces de buissons où l'on voit briller un nombre infini de baies, semblables à la cerise pour la grosseur, mais ayant des espèces de cannelures, et remarquables par le rouge le plus éclatant. Elles ont un goût très-acide, mêlé à une odeur assez forte de thérébentine. Cependant on les rencontre avec plaisir vers l'époque des grandes chaleurs, ou après une longue chasse.

Parmi les arbres utiles on remarque ceux qui donnent la gomme copale. La gomme *élémi*, le *benjoin*, le *storax* et plusieurs autres dont on obtient des baumes précieux, tels que ceux du Saint-Esprit, du Pérou, du Copahyba et du Cumarus.

Quoique nous n'ayons pas l'intention de faire connaître en ce moment la manière dont se prépare la racine de manioc qui, dans l'Amérique-Méridionale remplace d'une manière si avantageuse les céréales communes aux portions tempérées de l'ancien monde et du nouveau, nous pensons devoir décrire l'arbuste qui la produit, puisqu'il est originaire du Brésil.

Le *manioc* s'élève à la hauteur de cinq

à six pieds ; sa tige tortueuse et noueuse n'acquiert jamais beaucoup de force, elle se partage en plusieurs rameaux fragiles, garnis à leur extrémité de feuilles alternes, profondément palmées, fermes, lisses, et d'un vert glauque en dessous. Les segmens ou lobes par lesquels elles sont partagées, varient dans leur nombre de trois à sept ; ils sont lancéolés, pointus, et peuvent avoir cinq à six pouces de longueur. Les fleurs jaunes, pâles ou rougeâtres de la grandeur de celle de la douce-amère, forment des grappes lâches, réunies au nombre de trois ou quatre aux aisselles des feuilles ou dans la bifurcation des rameaux. Cet arbuste prend aisément de bouture, croît très-promptement, et se plaît dans les terrains médiocres et secs, pourvu qu'ils soient bien aérés. Les racines, qui seules peuvent être utiles, ont une couleur blanchâtre semblable à celle de nos panais, et sont ordinairement plus grosses que nos betteraves. Elles viennent très-souvent trois ou quatre attachées ensemble, et mûrissent (du moins certaines espèces) en sept ou huit mois.

L'*aypi* est une variété du manioc. Sa racine se mange ordinairement cuite, simplement dans l'eau ou sous les cendres, comme la patate, l'igname, le *mangarito* et le *cara*.

Nous ne décrivons point ici, comme nous l'avons déjà dit, une foulé d'arbres utiles, transplantés de l'Asie ou de l'Afrique; mais nous en donnerons une idée en parlant des différens endroits où ils se sont le plus multipliés. Nous allons maintenant faire connaître plusieurs végétaux dont la médecine tire les secours les plus efficaces, et nous placcrons au premier rang l'*ipécacuanha*. Cette plante se trouve dans les lieux humides et dans les forêts: sa tige est grêle et sarmenteuse; ses feuilles sont opposées, ovales et lancéolées; ses fleurs monopétales, pédonculées et rassemblées en petites têtes solitaires, se composent d'un calice blanchâtre à cinq dents, et d'une corolle à cinq divisions ovales, pointues et recourbées. On les classe dans la *pentandrie monogynie* de Linné.

La racine, qui seule est employée, est ligneuse, cassante, marquée par de petites éminences, blanche et résineuse intérieurement, d'une odeur nauséabonde, d'une saveur amère et piquante. On en distingue deux espèces; l'ipécacuanha brun et le gris; mais on leur substitue quelquefois dans le commerce des racines de plantes différentes.

L'usage de l'ipécacuanha fut introduit en France, par Adrien Helvétius, vers la fin du dix-septième siècle, et ce médecin en fit la plus heureuse application; mais c'est à Guillaume Pison que l'Europe est redevable de ce remède précieux, qu'il prescrit, même déjà en 1648, dans plusieurs maladies vraiment dangereuses, et notamment la dyssenterie.

Quoique la *salsepareille* ait beaucoup perdu de son ancienne réputation, on l'emploie toujours comme un puissant sudorifique, et elle est exportée en assez grande quantité du Brésil, où elle se trouve en abondance. Ses tiges garnies d'épines sont longues, sarmenteuses, pliantes et verdâtres. Ses feuilles alternes, terminées par une pointe obtuse, sont échancrées à leur base, et portées sur des pétioles garnis de deux vrilles. Les fleurs jaunes disposées en ombelle sont de la *diæi hexandr.* de Linné. On n'emploie également que la racine de cette plante.

Le *jalop*, de la *pentandrie monogynie* de Linné, est une espèce de liseron qui s'élève à huit ou dix pieds, et dont les feuilles alternes sont de forme ronde, quoiqu'elles en affectent quelquefois une autre. Sa racine est fort grosse, de forme ovale ou oblongue, jaunâtre en dehors, blanchâtre en dedans, et contenant un suc laiteux extrêmement purgatif.

Le *gingembre*, la *butua*, et une certaine plante appelée herbe de Sainte-Lucie, à laquelle on attribue les vertus les plus extraordinaires, jouent aussi un grand rôle dans la médecine pratique du Brésil, avec l'herbe du Paraguay dont nous aurons occasion de parler plus bas.

Vers l'embouchure du fleuve Salsa, à quelques lieues du Belmonte, on trouve dans les forêts la plante charmante qui fournit la vanille. Ses tiges grimpantes sont munies de vrilles roulées en spirale à leur sommet ; ses feuilles, d'un vert très-gai, sont ovales et terminées en pointe. Les fleurs d'un rouge éclatant se composent d'une corole à six pétales irréguliers ; on leur voit succéder des gousses allongées, bivalves, remplies de petites semences brunes, et renfermant aussi une pulpe molle de l'odeur la plus suave. On se donne malheureusement à peine le soin de les recueillir au Brésil, où elles sont, à la vérité, d'une qualité inférieure à celles du Pérou et du Mexique.

Les fleurs d'agrément que l'on peut rencontrer dans les jardins n'offrent point jusqu'à présent une très-nombreuse variété ; quelques-unes cependant commencent à être plus-généralement répandues depuis quelques années. Elles sont presque toutes originaires de l'Europe, quoiqu'on pût en trouver de fort belles dans les forêts du pays : nous les ferons connaître, ainsi que les plantes potagères, en parlant des productions de chaque province.

L'Amérique-Portugaise, si riche dans les règnes végétal et minéral, ne possède qu'un nombre assez borné de quadrupèdes indigènes; il est même certain qu'avant la découverte on n'y connaissait aucun des différens animaux domestiques communs aux autres parties du monde; cependant ils s'y sont multipliés depuis trois siècles avec une rapidité vraiment prodigieuse, et contribuent singulièrement à la prospérité du pays. L'intérieur nourrit surtout une quantité considérable de bœufs et de chevaux, qui dans certains endroits vivent comme abandonnés au milieu des campagnes; et nulle part, peut-être, on ne rencontre d'aussi beaux mulets que vers le sud. Les chèvres deviennent assez communes, mais les moutons ne se sont point encore beaucoup répandus, probablement à cause du peu de cas que l'on y fait de leur toison, faute de manufactures pour en tirer un parti quelconque.

Le mammouth, cet animal si extraordinaire par ses dimensions, a certainement existé au Brésil; et des ossemens découverts encore récemment l'attestent d'une manière suffisante. Cependant l'éléphant, qui trouverait une nourriture abondante dans ces vastes forêts, y est entièrement inconnu, et le plus gros quadrupède indigène est le tapir, désigné par les Portugais sous le nom d'*anta*. Les formes massives et arrondies de cet animal laissent à peine apercevoir ses articulations; sa longueur est de plus de six pieds, sa hauteur par devant d'environ trois pieds et demi, mais elle augmente de deux pouces pour le train de derrière. La femelle est ordinairement plus grande que le mâle.

Les jambes du tapir sont courtes et

fortes, et ont quatre doigts, dont un, moins long et moins fort que les autres, est aussi placé plus haut. Ces doigts sont terminés par des ongles pointus et plats; on peut les comparer au sabot des animaux à pied fourchu. La tête a la plus grande analogie, pour la forme, avec celle du cochon; elle est relevée en bosse près de l'origine du museau, que l'animal peut allonger d'un demi-pied à sa volonté, et même tourner de côté et d'autre pour prendre ce qu'on lui présente : c'est la partie inférieure de son nez qui dans cette occasion se replie en dessous; les oreilles sont rondes et les yeux extrêmement petits.

Quoique le pelage varie dans sa couleur, il est ordinairement d'un brun foncé; une crinière de poils noirâtres d'un pouce et demi de largeur, et roide comme les soies d'un porc, s'étend dans l'espace de trois pouces sur le front, et de sept sur le cou; la queue a une forme pyramidale et est excessivement petite. La femelle n'a que deux mamelles, pareilles à celles de la jument.

Cet animal aime la solitude ; on ne le trouve guère même que dans les forêts de l'intérieur qui bordent le rivage des grandes rivières, où il se baigne continuellement, ayant la possibilité de rester fort long-tems sous l'eau sans avoir besoin de respirer ; il fait néanmoins son gîte dans des endroits élevés ou très-secs. Presque tous les fruits sauvages servent à sa nourriture ; mais il est extrêmement vorace et mange aussi avec avidité les jeunes pousses des arbres. Son cri est une espèce de sifflement.

Quoique le tapir soit très-doux, et que l'homme n'ait rien à en craindre, il devient terrible lorsqu'il se voit poursuivi par les chiens; on dit même que si le jaguar se crampone sur son dos, il l'entraîne dans le plus épais du bois, jusqu'à ce qu'il l'ait brisé contre les arbres. La saison la plus favorable pour aller à sa chasse est le tems des pluies, parce qu'il devient alors moins sédentaire. Sa chair, dont nous avons mangé, nous a paru avoir la plus grande analogie avec celle du bœuf.

L'animal le plus redoutable du pays est sans contredit le jaguar; il ressemble beaucoup à l'once par les dimensions du corps et les taches dont sa peau est nuancée. On calcule qu'il peut avoir quatre pieds de long, en le mesurant depuis le bout du museau jusqu'à l'origine de la queue, dont la longueur est ordinairement de vingt-deux à vingt-quatre pouces; il devient souvent haut de plus de deux pieds et demi. Le dessus du corps est jaunâtre, parsemé de taches noires pleines et irrégulières; mais une bande noire, se divisant en deux au dessus de sa croupe, court du haut de l'épaule à la queue. Ce quadrupède, comme tous ceux de son espèce, a une extrême ressemblance, pour la forme et les habitudes, avec le tigre. Son cri, que l'on entend de fort loin, a quelque chose de plaintif et de grave.

Le jaguar parcourt sans cesse les grandes forêts ou les endroits marécageux; il préfère même le voisinage des grandes rivières qu'il traverse souvent à la nage. Quoiqu'il fasse sa proie ordinaire des veaux, des génisses et des animaux encore plus faibles, il attaque quelquefois des bœufs et des chevaux, et reste presque toujours vainqueur. On lui voit employer, pour leur donner la mort, les moyens les plus extraordinaires : il saute, par exemple, sur le cou d'un taureau, en lui posant une patte de devant sur la tête; de l'autre il lui saisit le museau, l'enlève, et lui brise la nuque avec une facilité vraiment effrayante; il entraîne ensuite sa victime dans les bois pour la dévorer. Lorsqu'il est poursuivi par les chiens et les chasseurs, il grimpe avec une extrême légèreté sur les arbres les plus élevés.

Le jaguarète, *felis discolor*, a la plus grande ressemblance avec le jaguar pour la forme du corps; mais il en diffère essentiellement par sa taille qui est plus petite, et la couleur de son pelage qui devient d'un noir assez brillant, sur lequel on peut distinguer des taches de la même couleur, infiniment plus foncée. Les Portugais le désignent quelquefois sous le nom de *tigre*, tandis que l'animal précédemment décrit est appelé par eux *onça*.

Il y a encore trois espèces de ces quadrupèdes dont l'une est considérée par les habitans comme une sorte de panthère, quoiqu'il n'en existe pas au Brésil. Les autres sont connues sous la dénomination de *cangueçus* et de *suçuaranas* ou *couguars*. Les individus de cette dernière ont le poil fauve, et leur chair n'est point très-désagréable au goût. On compte aussi un grand nombre de chats sauvages dont le pelage est très-varié.

Il n'est point rare de rencontrer dans les forêts des bandes considérables de cochons sauvages, infiniment plus petits que nos porcs domestiques, mais d'une chair beaucoup plus savoureuse. Il y en a trois espèces différentes : la première est entièrement noire, l'autre a la mâchoire inférieure blanche ; mais celle des *caytetus* est grisâtre, et susceptible d'être apprivoisée (1). On élève en outre, dans les villes et les campagnes, certains porcs venant, dit-on, de la Guinée. Leur taille est assez petite, et ils ont aussi les soies noires.

Le capibara a absolument la forme et la grosseur d'un cochon des forêts ; mais il existe de grandes membranes entre ses doigts. Ses oreilles sont très-courtes, et il manque absolument de queue. Cet animal ne se rencontre guère que sur le bord des fleuves, où il nage continuellement. Sa chair est peu agréable.

Quoique les cerfs aient beaucoup diminué à cause de la guerre continuelle que leur font les sauvages et les chasseurs, ils sont encore en assez grand nombre ; on en remarque plusieurs entièrement blancs.

Le paca offre un gibier en général très-estimé vers le bord de la mer, où il est

(1) Les voyageurs appellent ordinairement les individus de ces différentes espèces *sus pecaris*.

assez répandu. Ce quadrupède, du genre de l'agouti et de la famille des rongeurs, acquiert la grosseur d'un fort cochon de lait, et a encore avec lui quelque ressemblance pour la forme du corps. Sa tête est très-convexe, ses yeux sont gros et saillans, de couleur brunâtre, ses oreilles peu longues et arrondies en ovale; il se sert du bout de son nez, divisé en deux comme celui des lièvres, pour fouiller la terre, et soulever les obstacles qu'il rencontre. Sa bouche est très-petite et garnie de moustaches très-roides, composées de soies noires et blanches.

On voit également, un peu au delà de l'angle postérieur de l'œil, un bouquet de poils de la même nature que ceux du museau, et presque aussi longs qu'eux. Le pelage est court et rude, d'un brun extrêmement foncé, souvent noir sur le corps et blanc en dessous. Des bandes blanchâtres assez nombreuses, et quelquefois accompagnées de taches, s'étendent également le long des côtés du corps.

Cet animal se creuse un terrier comme

le lapin, mais beaucoup moins profond, en sorte que quelquefois le pied y entre, et le fait sortir lorsqu'on marche trop pesamment sur ses galeries. Il se réserve pour s'évader trois issues différentes, et son intelligence va jusqu'à les recouvrir de feuilles et de branches. Pour le prendre en vie il suffit d'en boucher deux, et de fouiller le troisième ; mais il se défend assez bien lorsqu'on est près de le saisir. Il est cependant d'un caractère assez doux, et s'apprivoise facilement ; sa nourriture consiste en fruits et en plantes.

L'agouti, qui appartient à l'ordre des rongeurs et à la famille des *acléidiens*, parvient ordinairement à la grosseur du lapin, avec lequel il a une grande conformité ; mais son cou est plus long, ses jambes plus grêles, et sa croupe plus large. Sa queue, entièrement dénuée de poils, n'est qu'une espèce de tubercule. Le pelage, extrêmement rude au toucher, présente un mélange de brun et de jaune roussâtre qui devient très-clair sous le ventre. Comme le lièvre, il a l'ouïe trèsſine, et est extrêmement craintif. Il se réfugie ordinairement dans les creux des arbres et les troncs pourris. On l'apprivoise aisément, et c'est vraiment un spectacle amusant que de le voir manger comme nos écureils, et soutenir avec ses pattes de devant les fruits et les racines qui servent à sa nourriture. Sa chair est fort estimée.

Le tatou est généralement répandu dans toutes les provinces. Cet animal présente les caractères les plus remarquables; il est en grande partie recouvert d'une cuirasse osseuse, séparée en plusieurs bandes transversales, et susceptibles d'un léger mouvement les unes sur les autres, qui varient dans leur nombre et dans leur grandeur, suivant les différentes espèces qui, dit-on, sont au nombre de quinze ou seize.

Ce singulier quadrupède, qui pour la forme a quelque analogie avec le cochon d'Inde, et porte une queue en fuseau comme celle du rat, se creuse un terrier profond, quelquefois de huit ou dix pieds, dont il sort ordinairement pendant la nuit.

Lorsqu'il est poursuivi et n'espère plus de salut, il retire sa tête sous la bordure de la cuirasse de l'épaule, et contracte son corps pour le mettre en boule, autant que les membranes unissant les bandes de son têt peuvent le permettre. Cet animal se nourrit, dit-on, des insectes et des petits oiseaux qu'il a pu surprendre, ainsi que de quelques fruits sauvages. Sa chair est d'un goût fort agréable, et ressemble beaucoup à celle du cochon de lait.

Le poto ou hyrara, qu'on trouve dans le Pernambuco, le Maranham et Minas Geraës, présente un mélange curieux des mœurs de l'ours, du chien et de la civette. Il a le corps très-allongé, les oreilles petites et pointues, la tête du renard et le poil très-doux, d'un roux clair, couleur qu'il ne conserve point dans toutes les provinces. La queue de cet animal est prenante comme celle de certains singes, et il s'en sert aux mêmes usages qu'eux. Lorsqu'il dort pendant le jour, elle lui sert à cacher sa tête. Sa langue est très-longue, et propre à sucer le miel dont il fait une partie de sa nourriture ; ce qui lui a fait donner le surnom de *papamel* (suce-miel).

On rencontre dans l'intérieur un animal connu sous le nom de *guara*, ayant les traits distinctifs du loup, mais ne causant cependant point autant de dommages que lui. Plusieurs autres quadrupèdes sont aussi désignés, dans quelques ouvrages portugais, comme des chiens de bois et des chiens d'eau. Ces derniers ont les doigts palmés comme les canards, la queue longue et aplatie à l'extrémité, le poil fin et extrêmement doux. Ils sont amphibies, et font leur demeure principalement dans les fleuves, où ils osent attaquer les jaguars passant à la nage, et restent souvent les vainqueurs dans un combat en apparence très-inégal. Il est possible de les apprivoiser, mais ils ne vivent que dans l'intérieur.

La loutre du Brésil décrite par Pison sous les noms d'*ilya* et de *carigueibeiu*, est plus grosse que celle de l'Europe, et fournit aussi une fourrure extrêmemen estimée, qu'on pourrait transporter dan nos ports avec avantage, si l'on rassemblait un assez grand nombre de peaux.

Le tamanoir ou fourmilier, appelé *ta mandou gouaçou* par les Brésiliens, est u des quadrupèdes les plus singuliers d toute l'Amérique-Méridionale. Sa longueur ordinaire est de quatre à cinq pieds mais quelquefois il atteint sept à huit pied de la tête à la queue. Il est recouvert d poils grossiers, plats à l'extrémité, durs e secs au toucher comme du foin, et généralement d'un brun foncé. Sa tête n'égal pas la grosseur du cou dans sa plus grand largeur. Son museau très-allongé s'amincit par degrés ; il a les yeux très-petits noirs et enfoncés. Les jambes de devan ont absolument l'air d'un billot très-court on ne croirait point en voyant celles d derrière qu'elles sont faites pour marcher Ses pieds sont ronds ; ceux de devant, armés de quatre ongles, ressemblent à de espèces de moignons ; mais ceux de derrière ont cinq doigts garnis de leurs ongles qui, dit-on, forment sa principale défense. Sa longue queue est couverte de poils très-rudes ayant plus d'un pied de longueur.

La bouche est sans contredit la partie la plus remarquable de cet animal si extraordinaire par sa forme ; car on ne voit qu'une petite fente horizontale sans dents, et presque sans jeu dans les mâchoires ; mais comme il forme son unique aliment de fourmis et de *termès*, une plus grande ouverture lui serait inutile.

Pressé par la faim, il étend sa langue presque cylindrique et longue de plus de deux pieds sur une fourmilière ; et comme elle est enduite d'une humeur visqueuse et gluante, il la retire couverte des fourmis qui s'y sont attachées, et qu'il avale ; il réitère cet exercice jusqu'à ce qu'il soit rassasié, et cela avec une telle prestesse, que l'on prétend que dans une seconde il peut rentrer deux fois sa langue chargée d'insectes.

Le tamanoir aime la solitude, il a une démarche lente, et porte la tête baissée ; un homme peut l'atteindre sans peine à la course ; mais c'est un très-mauvais gibier dont on ne peut guère manger que dans les cas d'urgente nécessité.

Le tamandua est un diminutif du tamanoir, et n'a guère que trois pieds de long. Ses poils sont courts, durs et luisans, et leur couleur est jaunâtre ou roussâtre ; il sent beaucoup le musc, et ne se nourrit que d'insectes, mais principalement de fourmis. Lorsqu'il veut dormir il place son museau sur sa poitrine, le laisse tomber sur le ventre en cachant sa tête sous son cou et étendant sa queue sur son corps.

Quoique les naturalistes aient décrit un grand nombre de singes, il est probable qu'ils ne connaissent encore qu'une bien faible partie de ceux qui existent. On en compte au Brésil un nombre infini qui, comme tous ceux de l'Amérique, n'ont ni abajoues ni callosités aux fesses, et forment deux espèces, dont l'une, connue sous la dénomination de sapajous, porte une queue longue, pourvue de muscles robustes, avec laquelle on les voit s'attacher aux branches. Les individus de cette famille ont la cloison intermédiaire du nez fort épaisse, et les narines placées aux deux côtés du nez. Les sagouins n'ont pas la queue prenante; mais leur conformation et leurs habitudes sont à peu près les mêmes que celles des précédens; et ils n'habitent également que le nouveau monde.

Lorsque l'on voyage à quelque distance du bord de la mer, il n'est point rare d'entendre les cris des singes hurleurs, qui retentissent dans les forêts à l'heure où le soleil va disparaître; parmi eux on remarque surtout l'ouarine ou *simia beelzébut*. (Linné.) Ce sapajou peut avoir environ vingt-un pouces de long, sans compter la queue qui est de la même dimension. La femelle est moins grande de trois pouces; la face des individus des deux sexes est un carré long; il n'y a point de poil sur le front; mais en revanche le menton se trouve garni d'une longue barbe obscure bien fournie. Le nez s'aperçoit à peine; les yeux sont vifs et perçans; la queue prenante est tellement nerveuse, qu'on peut à peine dérouler les anneaux qu'elle forme en s'attachant à une branche.

La couleur dominante du mâle est d'un noir assez foncé, mais le ventre est d'un roux obscur. Le poil, en général assez lustré, offre une teinte moins obscure chez la femelle.

Ils vont ordinairement par familles de huit ou dix individus, et souvent plus; et c'est un des mâles de la bande qui semble chargé de la diriger. On ne les voit pas sauter comme les autres singes, mais ils passent lentement de branche en branche, et savent parfaitement se cacher derrière elles quand ils sont poursuivis par les chasseurs. Il est fort difficile de les tuer, et l'on ne peut pas toujours s'en emparer, même quand ils ont reçu le coup de mort;

car ils s'attachent fortement aux branches au moyen de leur queue, et ne tombent point toujours, même quand on secouerait l'arbre pendant assez long-tems. Leur chair n'est point d'un goût désagréable, et forme dans certains endroits la principale nourriture des sauvages.

L'ouarine pousse des cris mélancoliques qui ont quelque chose de rauque et de perçant; nous en avons entendu souvent à plus d'un mille de distance.

Le singe lion (*simia leo*), décrit avec tant d'exactitude et de talent par M. de Humbolt, vit au Brésil, et nous avons été quelquefois à même de l'y voir, quoiqu'il n'existe que fort peu d'individus de son espèce. Ce petit animal diffère de tous les singes connus par différens caractères trop longs à indiquer ici; il n'a que sept à huit pouces de long sans compter la queue, qui est à peu près de la même dimension; son poil est jaune et doré, sa face et ses petites pattes d'un assez beau noir; mais il a le bout du nez, la bouche et le menton d'un blanc tirant sur le bleu. Ses yeux sont d'un rouge étincelant. Comme la plupart des petits animaux, il est gai, mais facile à irriter; lorsqu'il se fâche il hérisse le poil de sa gorge, ce qui lui donne une plus grande ressemblance avec le lion.

L'ouistiti est, après le singe lion, le plus joli animal de cette espèce que l'on rencontre au Brésil, où il est généralement répandu, et sert à l'amusement des dames qui se plaisent à l'apprivoiser. Sa taille est extrêmement courte; car il n'a souvent qu'un demi-pied depuis le museau jusqu'à la queue, dont la longueur est ordinairement le double de celle du corps; la face de l'ouistiti est nue, d'une teinte foncée, et garnie de deux touffes de longs poils blancs, placés comme des favoris au devant des oreilles; ses yeux sont vifs, et sa physionomie est très-spirituelle. Un joli poil gris argentin recouvre tout son corps; il devient plus foncé vers le dos et le râble, où l'on voit des rayures transversales de couleur noirâtre. Sa queue se fait remarquer par les anneaux noirs et blancs du poil qui l'ornent avec une singulière régularité.

Le nom de ce petit singe lui vient du cri qu'on lui entend répéter continuellement ; il n'est point rare de le voir mourir de regret d'avoir perdu sa liberté, et il lui prend fréquemment des accès de colère, attaques à la suite desquelles il succombe.

Aussi lent que le singe est vif et léger, l'uneau, désigné à juste titre sous le nom de paresseux, se trouve dans presque toutes les forêts. Cet animal stupide, qui met plusieurs heures à monter au sommet d'un arbre, est très-singulier dans sa conformation. Sa tête est fort petite par rapport au corps, ses yeux sont couverts et sans aucune vivacité, son poil ressemble à une herbe desséchée, et ses pieds de devant, plus longs que ceux de derrière, sont garnis de deux ongles excessivement longs, recourbés en dessous, et ne pouvant se mouvoir qu'ensemble. Il se crampone aux arbres d'une telle manière, qu'on en a vu ne point tomber après avoir reçu plusieurs coups de fusil. On a du reste, à ce qu'il nous semble, beaucoup exagéré la lenteur de ce quadrupède en disant qu'il ne pouvait parcourir qu'une toise en une heure.

Depuis quelques années les naturalistes se sont singulièrement occupés de l'ornithologie de ce beau pays; et cependant, malgré leur zèle et leur amour pour la science, ils ont encore nécessairement laissé beaucoup à faire aux observateurs qui viendront après eux. Les plaines immenses du Para, les montagnes et les forêts si peu connues du Mato-Grosso, servent probablement d'asile à une foule d'oiseaux que jamais encore on n'a pu rencontrer, et qui vivent en paix dans ces déserts, sans se douter que du fond de l'Europe des savans infatigables viendront leur ôter leur liberté, ou bien les priver de leur existence, pour les faire servir à l'ornement de ces vastes cabinets où l'on accumule toutes les richesses de la nature.

Le plus grand et le plus terrible des oiseaux de proie, le condor, décrit par M. de Humbolt, s'avance, dit-il, à l'est dans les montagnes de Santa-Cruz, de la Sierra et de Choco Bamba. Comme ces mêmes cimes paraissent s'unir au Mato-Grosso, il pourrait se faire que l'énorme vautour dont nous venons de parler existât au Brésil.

Les mœurs de cet oiseau sont à peu près les mêmes que celles du plus grand aigle des Alpes, appelé *lammer geher*. Deux condors se jettent sur une génisse, la poursuivent et la blessent; la victime étend sa langue en mugissant; ses ennemis, qui en sont extrêmement friands, la saisissent avec avidité; ils arrachent ensuite les yeux du malheureux animal, qui perd la vie dans des souffrances affreuses.

On trouve dans l'intérieur une espèce d'autruche plus petite que celle d'Afrique, dont cependant les plumes sont assez estimées. Quelques personnes font tanner sa peau, et s'en fabriquent ensuite des culottes.

L'anhema ou kamichi est peut-être l'oiseau le plus extraordinaire du Bresil; il acquiert souvent la grosseur du dindon; sa couleur générale est un noir d'ardoise, qui laisse apercevoir çà et là de petites taches grisâtres. Il a le ventre blanc, et le dessous des ailes tirant sur le roux. Son bec ressemble beaucoup à celui des gallinacées. Une corne pointue, longue de trois ou quatre pouces, s'élève sur son front; mais, quoique droite dans toute sa longueur, elle se courbe un peu en avant vers la pointe. Sa base est revêtue d'un fourreau semblable au tuyau d'une plume; chaque aileron est en outre armé de deux forts éperons, qui se dirigent en avant lorsque l'aile est ployée.

Quoique armé de manière à se rendre redoutable, le kamichi n'attaque point les autres oiseaux. Sa principale nourriture consiste en herbes tendres et en graînes de plusieurs espèces de plantes ; et il ne fait usage de ses armes que vers l'époque où la possession d'une femelle est un sujet de combat. Mais lorsque le plus fort a mis ses rivaux en fuite, il devient aussi tendre qu'il a été courageux : on ne le voit plus quitter sa femelle, qui elle-même le paie de la tendresse la plus vive. Si l'un des deux époux vient à périr, l'autre ne tarde pas à le suivre, après avoir poussé de longs gémissemens autour des lieux où il a été privé de ce qu'il aimait.

Les araras, les perroquets et les perruches, forment peut-être la plus nombreuse famille de tous les oiseaux de cette portion de l'Amérique : les perruches surtout sont tellement répandues, qu'elles deviennent le fléau de l'agriculture.

On compte plusieurs oiseaux servis sur les tables comme des gibiers excellens : de ce nombre est le hocco, qui devient à peu près de la grosseur du dindon, et presque de sa couleur, et pourrait être un jour un oiseau de basse-cour très-répandu.

Il y a cinq espèces de perdrix, toutes d'un goût vraiment exquis, mais ne se trouvant guère sur le bord de la mer. Quelques-unes sont infiniment plus grosses que celles d'Europe.

Les pigeons forment également une famille très-nombreuse : vers certaines époques on en voit arriver de l'Amérique-Espagnole des bandes immenses, qui diminuent beaucoup sur le bord de la mer, où on leur fait une chasse continuelle.

Les fleuves, les lacs et les marécages, sont couverts de canards et d'oiseaux aquatiques, aussi remarquables par leur plumage qu'intéressans à observer. Le guara surtout se fait distinguer par l'éclat de sa couleur écarlate, et par la grâce de ses formes. Mais la poule sultane lui dispute ces deux avantages, quand on la voit, étalant ses belles ailes bleues, raser la surface des eaux, ou marcher avec légèreté sur les nymphea. Les spatules roses couvrent les rives du San-Francisco, dont le jaburu semble être le dominateur : cet oiseau égale au moins le cygne en grosseur, et son plumage est aussi blanc, mais il n'a point ses formes élégantes ; son long cou se trouve dénué de plumes ; son bec et ses pattes noires lui permettent, par leurs dimensions, de chercher sa nourriture dans le fleuve.

Les oiseaux, destinés par la nature à demeurer dans les forêts, n'ont point été doués d'une voix aussi mélodieuse que ceux de l'Europe, mais ils l'emportent par la richesse des couleurs, qu'ils semblent emprunter de toutes les pierres précieuses. Comment, en effet, refuser un juste tribut d'admiration au cotinga ? Son plumage est généralement d'un beau bleu d'outremer, sur lequel on aperçoit des reflets violets, tandis que la gorge, la poitrine, le haut du ventre, brillent d'un pourpre éclatant.

C'est vers l'époque où les orangers sont en fleur que l'on peut observer les oiseaux-mouches et les colibris : on les voit alors arriver par centaines, voltigeant autour de ces beaux arbres, poussant leur cri aigu, et cherchant leur nourriture au milieu des étamines, dont ils sucent le pollen, toujours soutenus en l'air par un mouvement rapide des ailes, qui forme une espèce de bourdonnement semblable à celui des frelons.

Le seul trait vraiment distinctif qui existe entre le colibri et l'oiseau-mouche est tiré du bec, dont cependant la longueur est à peu près la même chez les deux espèces, qui ont des formes, des couleurs et des habitudes absolument semblables. Le rubis-topaze, quoique l'un des oiseaux-mouches les plus communs du Brésil, est, sans contredit, le plus riche et le plus brillant : il peut avoir un pouce et demi de longueur; son plumage est d'un brun foncé, excepté vers le sommet de la tête et le dessous du cou, où il prend exactement la couleur des pierres précieuses indiquées par son nom. Le saphir, l'améthyste, l'émeraude, donnent également leur dénomination à des espèces qu'il serait infiniment trop long de décrire.

Il n'y a peut-être pas un pays au monde où les lézards soient plus généralement répandus : on peut en observer de mille couleurs différentes, et quelques-uns viennent même jusque dans les appartemens pour s'y nourrir des insectes qui s'y sont réfugiés. On ne fait point un pas dans les forêts sans en apercevoir quelques-uns courant entre les plantes ou montant après les arbres. Parmi ceux qui se plaisent à faire leur séjour dans les bois, on en distingue plusieurs qui peuvent avoir jusqu'à deux pieds de long, et qui se font surtout remarquer par les taches brillantes dont leur corps brun se trouve parsemé. On fait assez de cas de leur chair, qui a la plus grande analogie avec celle du lapin. Les Portugais lui donnent le nom de *tiou*, qu'ils ne conservent pas à une espèce à peu près de la même dimension, désignée improprement par eux sous le nom de *caméléon*, et ayant tout le corps verdâtre, avec une espèce de scie écailleuse que l'on voit régner depuis le sommet de la tête jusqu'à l'extrémité de la queue. Elle a aussi sous le menton une poche qui se prolonge jusqu'à la poitrine.

L'énorme amphibie qui, pour la forme, a une si grande ressemblance avec le lézard, existe aussi dans presque tous les lacs ou les grands fleuves. Quoique le caïman de l'Amérique-Méridionale soit moins grand en général que le crocodile autrefois si commun en Egypte, il est encore très-effrayant par ses dimensions, et quelquefois fort à craindre. Les Brésiliens lui donnent le nom de *jacaré*.

C'est à peu près dans les mêmes lieux, vers les endroits humides, que l'on rencontre un grand nombre de tortues d'espèces différentes, dont quelques-unes fournissent une écaille recherchée dans le commerce.

Quoiqu'il y ait dans ces pays un nombre assez considérable de reptiles dangereux par leur morsure, ou redoutables par leur force et la grandeur de leur corps, on se fait généralement en Europe une idée exagérée des dangers que doit courir le voyageur au milieu d'eux. Il y en a d'abord un grand nombre que l'on voit fuir à l'approche de l'homme, et il est ensuite aisé d'en éviter plusieurs par le bruit qu'ils font dans les forêts, au milieu des broussailles. Il est plus difficile néanmoins de se garantir des atteintes du sucurinba : cet énorme reptile, à ce que l'on dit, parvient au Brésil jusqu'à quarante pieds de longueur, et ne vit que dans les lacs ou dans les marécages ; il attache ordinairement au fond de l'eau l'extrémité de sa queue à une racine, ou bien à la pointe d'un rocher, et de là, on le voit s'élancer sur tous les êtres vivans qui ont le malheur de s'approcher trop près du rivage. Son ronflement se fait heureusement entendre hors de ses humides demeures.

Le giboia, plus connu sous le nom de *boa constrictor*, ne parvient guère, au Brésil, que jusqu'à dix-huit ou vingt pieds de longueur : sa morsure n'est pas venimeuse ; mais, pressé par la faim, il s'élance souvent sur un animal vraiment énorme par rapport à sa propre grosseur, l'entraîne près d'un arbre où il fixe sa queue pour l'enlacer avec plus de force, lui brise les os, et le couvre enfin d'une bave visqueuse avant que de l'avaler. Comme il est ordinairement plusieurs jours à digérer sa proie, et que, pendant ce tems, il reste dans une sorte d'engourdissement, on saisit ce moment propice pour l'attaquer; mais ce n'est pas toujours sans courir quelque danger, surtout si l'animal, pressé par la douleur, parvient à sortir de l'espèce de torpeur où il est plongé.

Le surucucu est encore plus dangereux: il acquiert souvent quatorze pieds de longueur, et sa morsure est presque absolument incurable. La nature n'a pas, comme le disent quelques naturalistes, pourvu sa queue de deux espèces de griffes propres à saisir sa victime.

Le serpent à sonnettes rampe avec une grande rapidité, mais sa longueur est bien loin d'égaler celle des précédens ; son bruit décèle ordinairement sa présence. Les espèces de grelots qui sont à l'extrémité de sa queue se composent quelquefois, chez les serpens adultes, de huit ou dix anneaux. Il préfère les rats à tous autres animaux, et n'attaque l'homme que lorsqu'il en est poursuivi.

La caninana, la jararaca et une foule d'autres serpens de moyenne grosseur, sont extrêmement dangereux ; mais tous n'ont pas des couleurs remarquables comme celles de la couleuvre-corail, dont le nom indique assez l'éclat.

Il n'est point rare de rencontrer dans les maisons un reptile, de douze ou quinze pieds de long, appelé par les Portugais serpent à deux têtes, et que l'on nomme *amphisbème.* Il conserve toujours la même grosseur dans toute la longueur de son corps, et n'est point très-dangereux.

On trouve dans les mers du Brésil une quantité considérable de poissons dont plusieurs sont inconnus vers d'autres parages.

La raie y est abondante, mais très-peu estimée. Le guarapuçu, appelé *cavallo* par les Portugais, est à peu près de la grosseur du thon ; il fournit, vers certaines époques, un aliment très-commun et fort agréable. On pêche aussi, à la hauteur des Abrolhos, un poisson appelé *guarupa*, semblable au saumon, et très-recherché des habitans. Celui que l'on estime le plus à San-Salvador, est ordinairement de la grosseur et de la forme d'une de nos grandes carpes, et ne peut pas mieux se comparer, pour la couleur, qu'aux jolis poissons rouges qui font l'ornement de nos bassins.

Nous aurions dû parler d'abord de l'espèce de baleine qui habite ces mers, mais nous nous réservons de donner sur cet énorme cétacé des détails assez nombreux, en décrivant la manière dont on le pêche.

Les requins sont en général assez nombreux, et servent à la nourriture des noirs, quand ils n'ont point acquis toute leur grosseur. Leur présence sur le bord de la mer rend quelquefois dangereux le plaisir de s'y baigner.

Les rivages sont couverts de crabes de toute espèce ; mais les huîtres ne peuvent, en aucune façon, être comparées à celles de l'Europe.

Quoique les lacs et les fleuves renferment également un grand nombre de poissons dont plusieurs se font remarquer par leur grosseur, nous pensons que ceux de l'Ancien Monde en fournissent, en général, d'un goût plus agréable.

Les insectes offrent aussi de nombreuses variétés, et c'est le pays où la nature les a revêtus des couleurs les plus riches et les plus brillantes ; mais nous ne ferons connaître sommairement que ceux qui sont utiles ou très-nuisibles.

Les abeilles, que nous avons si bien accoutumées à vivre dans la domesticité, sont au Brésil généralement répandues dans les forêts, où le sauvage indolent vient leur dérober le fruit de leurs travaux, sans leur donner en échange quelques moyens de prospérer. On en compte huit à dix espèces, dont quelques-unes sont privées d'aiguillon, et qui, par conséquent, seraient parfaitement propres à rester dans le voisinage des habitations; mais on ne s'occupe, malheureusement, en aucune façon de les y atirer. Il est vrai de dire que le miel de toutes les espèces est, en général, inférieur à celui d'Europe, et que la cire ne peut jamais parvenir à un grand degré de blancheur.

Bien plus terribles que les insectes de leur genre que nous avons en France, les moustiques ne laissent point un seul moment de repos au malheureux Européen nouvellement débarqué: il peut en compter une foule d'espèces différentes, qui toutes doivent se nourrir à ses dépens jusqu'à ce qu'un long séjour dans le pays lui ait fait perdre la richesse de son sang. La chiqua, espèce de petite puce qui s'introduit dans le pied et y dépose ses œufs, n'est point un hôte moins incommode.

Rien de plus enchanteur, par une belle

soirée des tropiques, que de voir des milliers de mouches phosphoriques brillant dans les airs. Quelques-uns de ces insectes, que l'on peut se procurer à toute heure de la nuit, donneraient une lumière suffisante pour lire en les approchant un peu des caractères.

Tout le monde sait que nulle part les papillons ne sont émaillés de couleurs plus vives ni plus variées ; on en voit souvent qui semblent avoir dérobé à l'or et à l'argent leur éclat métallique, et l'observateur ne peut se lasser de les voir s'abandonner pour un instant au souffle du zéphir, et venir aussitôt se poser sur une fleur, souvent moins brillante que leurs ailes.

On peut sans contredit regarder comme le plus terrible fléau de l'agriculture les fourmis qui désolent l'Amérique-Méridionale. Celles qu'on désigne sous la dénomination de *formigas mandioca* sont les plus grosses et les plus à craindre. On est souvent obligé de cueillir des branches vertes pour les leur donner, afin de préserver les plantations de leur voracité. Elles se creusent de longues avenues souterraines, dont les issues se trouvent très-éloignées les unes des autres. Ces cavités existent malheureusement quelquefois sous des murailles, qui tombent nécessairement à l'époque de l'hivernage.

Celles qui sont appelées formigas de *Corrcicaon*, quoique plus petites, se font presque autant redouter que les précédentes. Elles se forment en légions innombrables pour passer d'un district dans un autre, et aucun animal ne peut se trouver sur leur passage ; à leur approche les grands quadrupèdes s'enfuient, et les plus faibles courent les risques d'être dévorés, s'ils se sont malheureusement abandonnés au sommeil.

CHAPITRE VI.

Mœurs des indigènes à l'époque de la découverte.

Nous allons tâcher de donner, dans ce chapitre, une idée générale des nations qui habitaient le Brésil lors de l'arrivée des premiers conquérans. En comparant leur importance avec celle des tribus qui existent encore aujourd'hui, nos lecteurs verront que le peuple primitif de cette vaste portion de l'Amérique-Méridionale est singulièrement déchu, ou que plutôt il s'est presque entièrement anéanti. On pourra également observer les changemens qui se sont opérés dans les mœurs des sauvages, et l'on sera à même de se convaincre qu'ils ont perdu presque toutes leurs vertus guerrières, dès le moment où les Européens ont commencé à se mêler avec eux. A l'époque où ils formaient une population imposante, il eût été possible, sans les mettre tout à coup sous le joug des lois, de leur faire insensiblement adopter des usages dont ils sentaient la supériorité; mais malheureusement l'esprit de fanatisme du siècle s'y opposa. On les considéra comme des idolâtres, et dès ce moment il fut permis de les asservir. Jamais cependant, comme les Africains, ils ne purent se plier à l'esclavage; et il ne reste plus maintenant que de faibles tribus, composées seulement de quelques guerriers. Elles semblent être restées pour prouver que le pays n'était point désert quand les premiers Européens vinrent y chercher des richesses que l'Amérique prodiguait à cette époque.

Lorsque Pedralvez aborda au Brésil, toute la côte était dominée par la nation tupi, qui s'en était emparée après en avoir chassé les Tapuyas. Le nom de ce peuple conquérant dérivait du mot *toupan*, qui signifie le tonnerre, et semblait indiquer sa force et son courage qui lui avaient fait subjuguer une grande tribu, établie bien avant lui sur le bord de la mer, et redoutée depuis long-tems des autres peuplades errantes dans l'intérieur.

Les Tupis se divisaient en seize tribus différentes, distinguées entre elles par des noms particuliers, mais ayant conservé à peu près les mêmes usages, la même religion et le même langage. En décrivant les mœurs des Tupinambas et des Tupiniquins, regardés comme les maîtres de toute la côte, depuis San-Salvador jusqu'à Rio Janeiro, nous ferons connaître celles des autres nations, dont nous donnerons cependant les noms, pour indiquer ensuite le lieu de leur domination, et les principaux caractères qui les distinguaient.

Les Tupinambas étaient d'une taille avantageuse; ils avaient, comme les autres Américains, la peau d'un rouge cuivré, et s'arrachaient avec soin les poils qui croissent ordinairement sur le corps. Leurs cheveux noirs et brillans étaient coupés, comme ceux des religieux, en forme de couronne, et ils avaient adopté le singulier usage de se percer la lèvre inférieure pour y introduire un os bien poli, façonné comme la tour d'un jeu d'échecs, et retenu entre la lèvre et la gencive par une cheville, tandis que l'extrémité inférieure dépassait de plus d'un pouce. C'étaient surtout les enfans et les jeunes gens qui portaient cet ornement bizarre; les hommes plus âgés le remplaçaient par une pierre de jaspe vert, qui pouvait avoir la forme d'une pièce de monnaie de dimension moyenne, et que l'on enchâssait quelquefois dans les joues ou dans les oreilles, percées également de part en part. Ceux qui voulaient se distinguer par ce singulier genre de parure, poratient une pierre de la longueur et de la grosseur du doigt, ou bien ils en adaptaient deux plus petites aux extrémités de la lèvre inférieure.

Ils se peignaient le corps de diverses

couleurs ; mais ils étaient surtout dans l'usage de se teindre les cuisses et les jambes en noir, avec le fruit du *jenipapeiro* que nous avons décrit plus bas. Cette couleur est tellement solide, qu'ils pouvaient passer des journées entières dans l'eau sans qu'elle s'effaçât. Quelquefois ils hachaient des plumes qu'ils coloraient en rouge avec du bois du Brésil, et ils s'enduisaient d'une certaine gomme, pour se couvrir ensuite de cette espèce de duvet.

Leur tête était ordinairement ornée de plumes éclatantes, et ils portaient au cou des colliers faits avec des morceaux de coquilles arrondies comme une petite pièce de monnaie, et polies avec le plus grand soin. (*Voyez la gravure en regard.*) Quelques-uns perçaient aussi des graines noires du plus beau luisant, pour en faire également des espèces de chapelets. On aura une idée de leur parure ordinaire, si l'on ajoute à tout cela un croissant long d'un demi-pied, fabriqué avec un os aussi blanc et aussi poli que l'ivoire, auquel ils donnaient le nom de *yaci*, qui dans la langue tupique veut dire *lune*, et qu'ils portaient quelquefois suspendu au cou par un fil de coton.

Dans la cérémonie de leurs devins, ou quand ils devaient tuer solennellement un guerrier ennemi, ils se revêtaient de manteaux de plumes rouges, vertes et bleues, artistement attachées l'une à l'autre avec des fils sur des espèces de petits roseaux.

L'intérieur leur fournissait aussi des plumes d'autruche ; ils en fabriquaient des panaches qu'ils liaient sur leurs reins avec une corde de coton. Cet ornement se nommait *araroye* ; il est probable qu'il ne servait qu'à leur parure, et que, même dans le combat où ils le portaient, ils devaient en être embarrassés.

De même que les hommes, les femmes allaient ordinairement nues ; elles s'arrachaient aussi, comme eux, les cils et les paupières ; mais elles laissaient entièrement croître leurs cheveux, dont elles prenaient le plus grand soin, et qu'elles relevaient quelquefois avec un cordon teint en rouge.

Femme Tupinamba.

N'étant point, comme leurs maris, dans l'usage de se mutiler la lèvre inférieure, leur figure n'avait rien de repoussant ; mais elles s'étaient décidées pour un genre d'ornement presque aussi bizarre ; elles se perçaient les oreilles pour y introduire des coquillages longs et arrondis, ayant quelquefois un pouce de circonférence, qui, au bout d'un certain tems, les faisaient tomber presque sur les épaules.

Lorsque l'une d'elles voulait briller de tous ses charmes, sa compagne était priée de lui peindre le visage ; celle-ci trempait un petit pinceau dans la teinture, faisait un rond au milieu de la joue, et continuait à tracer une ligne toujours en tournant, mais en variant les couleurs, jusqu'à ce qu'elle lui eût bigarré le visage de bleu, de rouge et de vert ; ayant aussi le plus grand soin de se figurer des sourcils à la place qu'ils occupent ordinairement. (*Voyez la gravure en regard.*)

Leur plus bel ornement était une espèce

de brassart composé de plusieurs pièces d'os très-blancs taillés en forme d'écailles de poisson, et jointes ensemble avec de la cire mêlée à une sorte de gomme formant une colle excellente.

Les armes des Tupinambas étaient simples comme celles de tous les peuples encore dans l'enfance : ils faisaient le plus grand usage de l'arc, qu'ils fabriquaient, ainsi que les sauvages encore existans, d'un bois dur et pliant que les Portugais nomment *pao d'arco* (bois d'arc), et qui a sept à huit pieds de hauteur. Sa corde était faite d'une espèce de chanvre qu'on obtient du palmier *ticum;* et les flèches, travaillées avec beaucoup de soin, pouvaient avoir environ une brasse de longueur; elles se composaient d'un roseau très-droit, lié à un bâton de bois noir aux deux extrémités avec de petites pelures d'arbre; elles étaient garnies par le haut de deux plumes d'un pied de long, et le fer se remplaçait par une pointe de roseau, un os pointu, ou bien l'extrémité de la queue d'une certaine raie qui, dit-on, est très-venimeuse.

Ils avaient aussi des espèces de sabres-massues, faites en bois rouge ou en bois noir, ordinairemeut longues de cinq à six pieds, et terminées par un rond ou un ovale de deux palmes de largeur, épais de plus d'un pouce au milieu, et tellement aminci vers les bords, qu'il pouvait couper comme une hache. Cette arme était appelée *tacape*, et s'ornait, dans les cérémonies, de plumes de diverses couleurs.

Pour se garantir pendant le combat des flèches lancées par l'ennemi, ils faisaient usage d'une espèce de petit bouclier taillé dans le plus épais du cuir d'un tapir.

Leurs instrumens étaient aussi de la plus extrême simplicité. Ils consistaient d'abord dans une espèce de grande trompe appelée *janubia*, pouvant avoir à peu près un demi-pied de circonférence à son évasement, et servant ordinairement dans le combat à indiquer le moment de l'attaque ou du ralliement. Pour animer les guerriers pendant la marche, quelques-uns d'entre eux faisaient entendre les sons perçans d'une espèce de flûte ou de fifre fabriquée avec les os des bras et des cuisses de ceux que l'on avait mangés. Vient ensuite le *maraca*, principalement consacré aux cérémonies religieuses. Cet instrument bizarre était formé d'une courge desséchée, percée aux deux extrémités, remplie de cailloux ronds ou de grains de maïs, et traversée par un bâton d'un pied et demi de long. Les Tupinambas outre cela s'attachaient aux jambes, pendant leurs danses, un certain fruit de la grosseur et de la forme d'une châtaigne d'eau, dont l'écorce est extrêmement retentissante; ils en ôtaient le fruit intérieur, le remplaçaient par des cailloux, en enfilaient plusieurs à un cordon, et formaient ainsi des espèces de castagnettes marquant parfaitement la mesure.

Quoique nomades comme les autres peuples de l'Amérique, ces sauvages se réunissaient dans des villages, quelquefois au nombre de plus de six cents individus. Les cabanes composant ces espèces de bourgades pouvaient avoir plus de soixante pas de longueur ; elles étaient construites avec de fortes pièces de bois, dont les intervalles étaient remplis par une herbe appelée *pindo* qui formait aussi la couverture. Ces habitations ne contenaient jamais qu'une vaste pièce servant à toute la famille, dont chaque membre adoptait cependant une place différente.

Il est à remarquer que les Tupinambas et les Tupiniquins ne restaient jamais plus de cinq à six mois dans le même lieu, mais que le village, transporté à un ou deux milles de l'endroit qu'il occupait auparavant, conservait le même nom. Ils donnaient comme raison de leur inconstance, que c'était en changeant d'air que l'on conservait la santé, et qu'ils ne tarderaient point à périr s'ils en agissaient autrement que n'avaient fait leurs pères.

Chaque famille désignait, à ce qu'il paraît, une portion de terrain pour en former son jardin, et les femmes y cultivaient certains fruits, ou certaines racines, ainsi que quelques pieds de maïs.

Les principaux meubles des simples habitations dont nous venons de parler, étaient des hamacs de coton fabriqués par les femmes, et désignés dans la langue du pays sous le nom d'*inis*. Ils pouvaient avoir cinq à six pieds de long sur une brasse de large, et on les suspendait par des cordes à des pièces de bois placées en travers dans les cabanes, et réservées à cet usage. Lorsqu'ils avaient été salis par la fumée des feux que l'on entretenait continuellement dans l'intérieur, ils étaient blanchis avec un soin extrême par les femmes, qui allaient cueillir dans la forêt un fruit sauvage, à peu près de la forme d'une citrouille plate, mais infiniment plus gros, le coupaient en morceaux qu'elles laissaient ensuite tremper dans un vaisseau de terre rempli d'eau, pour les battre avec des bâtons, et en obtenir des flocons d'écume remplaçant parfaitement le savon dans tous ses usages.

Les autres meubles consistaient en jarres de terre rondes et ovales, en espèces de poêles et de plats dont l'extérieur avait une apparence assez grossière, mais auxquels ils donnaient intérieurement un très-beau vernis, par le moyen d'une liqueur blanche acquérant au feu une grande dureté. Ces poteries étaient même souvent ornées de diverses peintures presque toujours assez bizarres, pour lesquelles on employait une certaine couleur grisâtre très-solide.

Les différentes tribus excellaient aussi à faire des paniers de jonc et de paille pour renfermer leurs provisions, et elles avaient un grand nombre de courges creusées, dont on se servait habituellement pour boire.

Les Tupinambas, de même que les autres Tupis, tiraient en général leur nourriture principale des fleuves et des forêts; car ils n'étaient point dans l'usage d'élever des animaux domestiques. Quoique en général ils mangeassent indistinctement tout ce qu'ils pouvaient se procurer à la chasse, ils préféraient par dessus tout la chair du tapir, et la faisaient cuire, ainsi que les autres viandes, de la manière que nous allons indiquer.

Après avoir enfoncé assez avant en terre quatre fourches de bois aussi grosses que le bras, distantes en carré d'environ trois pieds, et élevées de deux et demi, ils posaient des bâtons en travers à un pouce l'un de l'autre, et formaient ainsi une espèce de treillage appelé parmi eux *boucan*, sur lequel ils plaçaient les viandes, ayant le plus grand soin de les retourner de demi-quart-d'heure en demi-quart-d'heure, après avoir fait au dessous un feu lent qui ne donnât pas de fumée. Comme l'usage de saler la chair des animaux pour la conserver leur était inconnu, s'ils avaient fait une chasse heureuse, ils étaient obligés de faire rôtir tout leur gibier, dans la crainte qu'il ne se cor-

Bouçan disposé pour faire rotir les Viandes.

rompît : aussi, dans certains jours le boucan se trouvait-il couvert d'oiseaux, de poissons et d'animaux de toute espèce.

Quoique ayant à peine les premières notions de l'agriculture, les Brésiliens s'occupaient cependant quelquefois à faire produire au sol fertile qu'ils occupaient des racines et des fruits, que l'on préparait de diverses manières. Le manioc, originaire du pays, leur fournissait surtout une nourriture abondante. Lorsque cette racine, dont nous avons donné la description plus haut, était propre à être recueillie, les femmes la tiraient de la terre pour la faire sécher sur le boucan, puis la réduisaient en farine au moyen de petites pierres pointues, fixées sur une pièce de bois très-unie, et formant ainsi une espèce de rape grossière ; elles exprimaient de cette première préparation le suc dangereux que l'on en fait sortir ordinairement, et la mettaient sécher dans des espèces de poêlons de terre fort larges, sous lesquels elles entretenaient continuellement du feu, ayant le plus grand soin de la remuer avec une moitié de courge jusqu'à ce qu'elle eût acquis un certain degré de cuisson. On faisait ordinairement deux espèces de farines différentes ; la première était extrêmement sèche, et se réservait pour l'époque à laquelle on entrait en guerre; mais la seconde, moins cuite et plus tendre, avait un goût infiniment plus agréable. On en préparait, ainsi que de l'autre, des bouillies appelées *mingaon* formant un aliment très-nourrissant.

Le suc extrait du manioc n'était point perdu : après l'avoir exposé à la chaleur du soleil, et lorsqu'il avait pris la consistance du lait caillé, on le faisait cuire, et il était alors regardé comme un mets très-recherché (1).

On faisait du maïs, appelé *avati* dans la langue tupique, une farine excellente, en

(1) C'est ce que l'on vend à Paris sous le nom de *tapioca*.

se servant à peu près des mêmes procédés employés encore aujourd'hui au Brésil.

L'aypi, l'igname, la patate et une foule d'autres racines, formaient encore avec d'autres fruits des forêts une nourriture que le sauvage trouve dans tous les tems, et qui l'empêche de souffrir d'une mauvaise récolte ou des chasses malheureuses.

Ces peuples n'étaient point privés de liqueurs enivrantes avant que les Européens leur eussent fait connaître l'eau-de-vie, qu'ils ont depuis recherchée avec tant d'avidité. Le manioc leur fournissait une boisson dont, sans doute, la préparation nous paraîtra dégoûtante, mais qui servait cependant à animer leurs festins, ou à accélérer la guérison de certaines maladies dans lesquelles l'eau pure eût peut-être été dangereuse.

Après avoir coupé par morçeaux des racines de manioc et d'aypi, on les faisait bouillir dans de grands vases de terre, et on ne les retirait que lorsqu'elles étaient amollies, pour les laisser refroidir; alors les femmes s'asseyaient autour de ces espèces de chaudières, prenaient des rouelles de manioc, les mâchaient et les jetaient dans d'autres vaisseaux placés au dessus du feu, où elles les remuaient avec un bâton, jusqu'à ce qu'elles pensassent que cette singulière préparation fût suffisamment cuite : on vidait alors toutes les chaudières dans de grandes jarres pouvant à peu près contenir chacune environ une feuillette de Bourgogne, et on y laissait fermenter la liqueur jusqu'au moment où elle devait être bue; on obtenait par le même moyen une espèce de bière du maïs. Ces deux breuvages étaient désignés sous le nom de *caouin;* celui de manioc, qui était trouble et épais comme de la lie, avait, à ce qu'il paraît, beaucoup d'analogie, pour le goût, avec le lait aigre. Certaines familles en faisaient en telle abondance, qu'elles gardaient plus de trente de ces grands vaisseaux arrangés en long, au milieu de leur cabane, jusqu'à l'époque de quelques cérémonies où l'on devait les vider.

Après avoir fait connaître physiquement les Brésiliens, ou leur mode d'existence, nous allons donner des détails sur la religion, les mœurs, le langage qu'ils ont conservés, jusqu'à ce qu'en leur ôtant toute indépendance on les ait obligés à abandonner leurs premières idées pour adopter, à quelques modifications près, celles des conquérans.

Les Tupinambas reconnaissaient, ainsi que les autres tribus, l'existence d'une intelligence supérieure, désignée par eux sous le nom de *Toupan*, et celle d'un esprit malfaisant qu'ils appelaient indistinctement *Anhanga* ou *Jurupari.* Ils croyaient fermement que les ames des guerriers qui avaient massacré et mangé un grand nombre d'hommes, devaient aller derrière des montagnes inconnues où elles se réjouiraient avec celles de leurs pères dans les danses et les festins, tandis que les lâches ne pouvaient attendre après leur mort que des tourmens de toute espèce. Il paraîtrait du reste, qu'ils n'attachaient aucune idée de récompense ou de châtiment aux bonnes ou mauvaises actions, et que, malgré l'espérance d'une félicité à venir, ils n'adressaient à la divinité aucune prière. D'après les documens qui nous sont parvenus, il semble, en effet, qu'ils n'avaient point de cérémonies religieuses, à moins que l'on ne veuille donner ce nom aux pratiques de leurs devins, qui prenaient le titre de payes ou caraïbes, et dirigeaient ordinairement les principales opérations de la tribu, en se réunissant pour prédire ce qui devait lui arriver. Ces imposteurs cherchaient à faire croire aux hommes grossiers dont ils étaient consultés qu'ayant des communications avec certains esprits, ils pouvaient accorder le courage à qui bon leur semblait, ou donner la force de surmonter les ennemis lorsqu'on allait en guerre.

Dans les occasions où ils devaient dispenser ainsi les vertus guerrières, ce qui n'arrivait que tous les deux ou trois ans, ils ordonnaient aux femmes d'entrer dans une maison séparée de la leur, d'écouter les chants et d'y répondre, et ils prescrivaient également aux enfans de se retirer à part. On entendait alors sortir de ces différentes habitations des cris d'encouragemens et des espèces de hurlemens; les femmes surtout s'agitaient avec violence, l'écume leur sortait de la bouche, et elles ne se taisaient qu'au moment où les hommes, après un instant de silence, faisaient succéder des sons plus doux et plus harmonieux à ces clameurs effrayantes.

La cabane où ils étaient enfermés offrait un spectacle bien extraordinaire : rangés en rond l'un à côté de l'autre, sans qu'il leur semblât permis de quitter leur place, ils avaient le corps incliné en avant, et ne faisaient remuer que la jambe et le pied droits, tandis que la main droite était appuyée sur les reins, et le bras gauche pendant. C'est dans cette posture qu'ils continuaient à chanter. (*Voyez la gravure en regard.*) Il y avait quelquefois trois cercles semblables, et au milieu de chacun d'eux trois ou quatre devins, richement parés de manteaux, de bonnets et de bracelets de plumes, et tenant à la main un *maraca* qu'ils faisaient retentir en s'avançant ou en reculant tour à tour. Ils saisissaient quelquefois une espèce de tube long de quatre ou cinq pieds, et garni à l'extrémité de quelques feuilles sèches de tabac allumé dont ils soufflaient la fumée sur tous les individus qui composaient l'assemblée, en disant : « Recevez l'esprit de force, afin de surmonter vos ennemis. » Ce rassemblement durait plus de deux heures, et pendant ce tems les chants se succédaient continuellement ; ils ne manquaient point d'une certaine harmonie, et étaient marqués par la mesure la plus exacte ; chaque couplet se terminait par un traînement de voix pendant lequel on répétait ce refrain continuel : *Heu, heuaure, heura, heuaure, heura, heura ouch.* Ces

Sorciers soufflant l'esprit de force aux Tupinambas.

espèces d'hymnes, répétés en chœur, contenaient ordinairement des menaces contre les nations ennemies, le récit d'une ancienne tradition, ou les louanges de leurs pères.

Lorsque l'assemblée devait se dissoudre, chacun frappait du pied droit contre la terre plus fort qu'auparavant, et, après avoir craché devant soi, répétait par trois fois d'un ton de voix rauque : *he*, *hua*, *hua*, *hua;* puis on se réunissait pour passer les jours suivans dans la joie et les festins.

Ces cérémonies, pendant lesquelles les payes recevaient des présens de toute espèce, n'avaient lieu, comme nous l'avons déjà dit, qu'à des époques assez éloignées; mais ces espèces de devins employaient, dans d'autres tems, une manière encore plus extraordinaire de vivre aux dépens de leurs dupes.

Ces imposteurs, parés de leurs vêtemens les plus précieux, allaient toute l'année de village en village pour prédire l'avenir; ils plantaient en terre leurs maraca devant les maisons, et ordonnaient qu'on apportât à boire et à manger à ces instrumens qui, disaient-ils, faisaient usage des alimens pendant la nuit. Ils levaient souvent cette espèce d'impôt pendant plus de quinze jours, et ne se retiraient que lorsqu'ils étaient fatigués d'habiter le même lieu.

La pluralité des femmes était en vogue parmi les Tupis, mais ils respectaient dans leurs alliances trois degrés de parenté; ainsi, qui que ce soit ne pouvait s'unir avec sa mère, sa sœur ou sa fille. Les cérémonies adoptées pour le mariage se réduisaient à demander la femme qu'on voulait épouser à ses plus proches parens, qui l'accordaient ou la refusaient à leur gré.

Les femmes devenues enceintes n'abandonnaient point leurs travaux, mais se dispensaient de porter des fardeaux trop pesans. Le mari, après avoir reçu l'enfant qu'elle mettait au monde, lui aplatissait le nez avec le pouce, le lavait avec soin, et le peignait de noir et de rouge, avant de

Naissance d'un Tupinambas

le coucher dans le petit hamac destiné à le recevoir. (*Voyez la gravure en regard.*) Si c'était un garçon, il lui faisait aussitôt un petit arc, des flèches et une massue, et plaçait ces armes à côté de lui, en disant après l'avoir embrassé avec tendresse : « Mon fils, deviens fort et courageux pour te venger de tes ennemis lorsque tu seras un homme ; » puis il lui donnait le nom d'un animal, d'une plante, ou d'une arme.

Par un sentiment bien naturel à l'homme, les cérémonies funèbres offraient, chez ces sauvages, une certaine pompe. Aussitôt que le malade avait succombé, les cris les plus douloureux se faisaient entendre. Les femmes, en s'embrassant et en plaçant leurs mains sur les épaules l'une de l'autre, s'écriaient en poussant des gémissemens prolongés : « Il est mort celui qui nous a tant fait manger de prisonniers ; » et les hommes leur répondaient sur le même ton en vantant les qualités du défunt : « Hélas ! nous ne jouirons plus de sa présence que derrière les montagnes, où nous danserons avec nos pères. » Ces regrets se faisaient ordinairement entendre la moitié du jour (*voy. pour toute cette scène la gravure en regard*); au bout de ce tems on creusait une fosse ronde et profonde de cinq à six pieds, et le corps y était enterré presque debout, avec les bras et les jambes liés autour du corps; ou bien si c'était un vieillard, la maison qu'il avait habitée devenait le lieu de sa sépulture, et l'on ensevelissait avec lui ses armes et ses vêtemens. Par une superstition qui tenait probablement à leur habitude de manger leurs ennemis, craignant que le malin esprit ne déterrât le corps pour le faire servir à sa nourriture, ils plaçaient sur la fosse des plats de terre remplis de farine, de volaille, de poisson, et de toute espèce de viandes ou de breuvages, jusqu'à ce qu'ils jugeassent que le corps fût entièrement corrompu. Ils couvraient ensuite cet endroit d'une espèce de natte qui indiquait

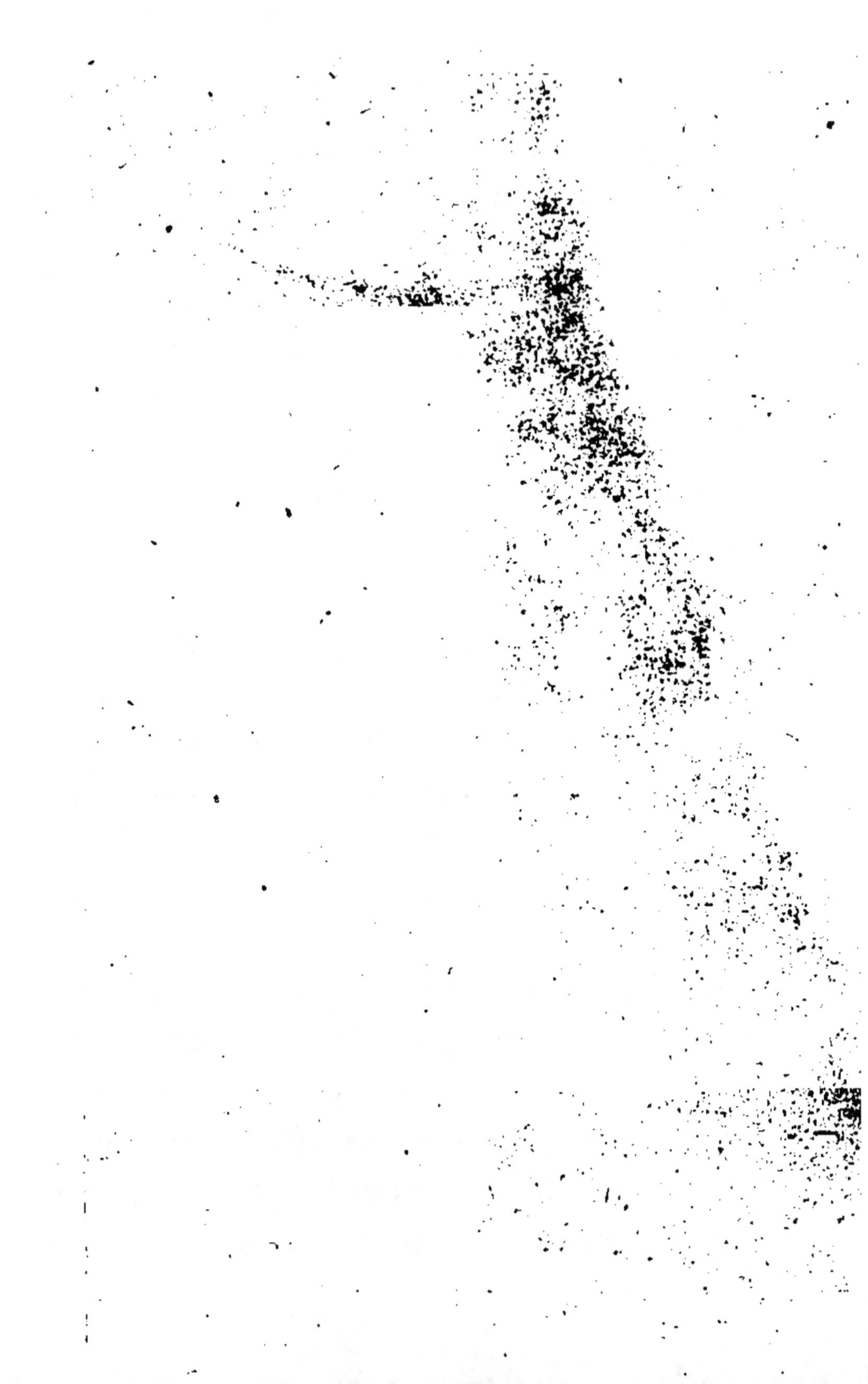

Mort d'un Tupinambas.

une tombe, où les femmes allaient répandre des larmes quand dans leurs voyages elles les rencontraient.

Quoique l'on ne soit pas d'accord sur la forme du gouvernement des Tupinambas, il paraît à peu près certain que leurs vieillards exerçaient sur eux une influence plus ou moins directe, et qu'ils tenaient des conseils appelés *carbets*, dans lesquels rien ne se décidait qu'à l'unanimité des voix (1).

L'homicide était puni du dernier supplice ; les parens du meurtrier le livraient à la famille du mort, qui l'étranglait et l'enterrait aussitôt.

Lorsqu'une insulte avait été reçue d'une nation ennemie, la punition suivait de bien près l'offense, et c'étaient les vieillards eux-mêmes qui excitaient les jeunes gens à la vengeance ; ils leur rappelaient pendant des heures entières le courage des anciens

---

(1) Handstadt indique qu'ils avaient un chef, du moins pour certaines tribus.

guerriers de la tribu, les engageaient à aller demander le combat, et leur répétaient, en se frappant avec bruit les reins et les épaules: « Vaillans jeunes gens de ma nation, allons trouver nos ennemis, mourons ou servons à leur nourriture, plutôt que de ne pas demeurer les vainqueurs. »

Chacun des auditeurs, enflammé d'un nouvel enthousiasme, se rendait en diligence dans un lieu désigné. Réunis quelquefois au nombre de huit ou dix mille individus, parmi lesquels on comptait une quantité considérable de femmes destinées à porter les vivres et les hamacs, les guerriers se mettaient en marche sans garder aucun ordre, et le *janubia* seulement donnait le signal de la halte et du départ.

Lorsque l'on commençait à approcher de l'endroit où devait se livrer le combat, les plus forts et les plus hardis laissaient les autres à une journée ou deux en arrière pour s'embusquer dans les bois, prendre l'ennemi au dépourvu, et, si cela était possible, faire un grand nombre de prisonniers; mais quelquefois, en voulant surprendre pendant la nuit des villages qui s'attendaient à l'attaque, ils étaient arrêtés par des palissades de palmiers, devant lesquelles on avait placé des chevilles pointues à fleur de terre, qui leur blessaient les jambes et les arrêtaient quand on les chargeait à l'improviste.

La rencontre des deux partis était vraiment terrible; on les entendait pousser des hurlemens affreux, qui augmentaient au moment d'en venir aux mains; les sons du janubia se mêlaient à leurs cris et donnaient le signal de l'attaque; on les voyait alors étendre les bras avec rage, se menacer en se montrant les os des prisonniers qu'ils avaient mangés et de longs colliers faits avec les dents de ces malheureux; mais les flèches ne tardaient point à voler de toutes parts, et l'on apercevait ceux qui en étaient atteints les arracher de leur corps, les briser avec fureur, et retourner dans la mêlée pour frapper de leur massue tranchante l'ennemi qu'ils pouvaient atteindre. (*Voyez la gravure en regard.*) Rien au monde surtout ne peut donner une idée de l'acharnement des guerriers privés de leurs armes ; ils s'élançaient, pleins de rage, l'un contre l'autre, se déchiraient avec leurs ongles ou se mordaient comme des bêtes féroces.

Les combats sur l'eau n'étaient pas moins affreux ; ils se passaient quelquefois sur un fleuve, mais plus souvent encore la mer était le théâtre de l'action. Montés sur des pirogues creusées dans un seul troncd'arbre au moyen du feu et de quelques haches de pierres, les guerriers s'avançaient également en grand nombre, et manœuvraient avec beaucoup d'habileté. Leurs embarcations de guerre s'appelaient *maracatim*, parce qu'ils étaient dans l'usage de fixer à l'extrémité de grandes perches auxquelles on attachait des maraca que l'on agitait avec une corde, et qui rendaient un bruit vraiment terrible.

Dans tous les genres de combats l'on tâchait surtout de faire un grand nombre de prisonniers. Ces malheureux, liés et

Combat des Tupinambas

garrottés, étaient conduits en triomphe au village, où, par un excès de cruauté qu'on ne peut guère concevoir, ils étaient nourris avec soin, pouvaient se marier s'ils en avaient le désir avec les filles du vainqueur, et finissaient cependant par être massacrés pour servir à d'horribles festins.

Au jour fixé pour l'exécution, les hommes, les femmes et les enfans des villages voisins accouraient de toutes parts; on formait des danses, on buvait du caouin, et, ce qu'il y a de plus extraordinaire, celui qui devait être exécuté partageait l'allégresse commune, et se distinguait même par les accès d'une gaîté bruyante, jusqu'à ce que deux ou trois des plus vigoureux guerriers de la tribu vinssent le saisir et le lier par le milieu du corps avec des cordes de coton, appelées *massurana*, sans qu'il fît la moindre résistance, quoiqu'on lui laissât les deux bras en liberté. Levant la tête avec assurance, et méprisant le supplice qu'on lui préparait, il rappelait ses anciens exploits, et parcourait le village avec ses bourreaux, en se vantant d'avoir dévoré les parens de ceux qui l'environnaient.

Au bout d'un certain tems, les deux sauvages qui le tenaient lié s'éloignaient de lui d'environ trois brasses, en gardant chacun l'extrémité de la massurana, et en lui recommandant de regarder encore une fois le soleil que bientôt il ne devait plus voir. On lui apportait alors des pierres et des tessons de pots cassés, et les gardiens lui disaient en se couvrant de leurs boucliers de peau de tapir : « Venge-toi avant de mourir, nous t'en donnons la liberté. » Le malheureux se saisissait des cailloux mis à sa disposition, les jetait avec force sur les personnes qui étaient autour de lui, et en blessait souvent un grand nombre ; mais ces moyens de vengeance ne tardaient point à s'épuiser, et l'exécuteur, qui ne s'était point encore montré de la journée, sortait d'une cabane couvert de ses plus riches ornemens, et tenant à la main une grande massue tranchante,

Massacre d'un prisonnier chez les Tupinambas.

ornée de plumes, et désignée sous le nom de *Iyivara-pemme*, ou massue du massacre. Il s'approchait du prisonnier, et lui disait : « N'est-ce pas toi qui as mangé nos parens et nos amis ? » et celui-ci répondait avec un nouveau courage : « Si tu me donnais la liberté, je te dévorerais, toi et tes compagnons. Oui, je suis un guerrier terrible, j'ai mangé et assommé un grand nombre de ceux de ta nation, qui n'ont pu résister à la force de mon bras. — Eh bien, lui répondait celui qui s'apprêtait à le frapper, tu es maintenant en notre puissance, et c'est moi qui te donnerai la mort pour te faire servir à la nourriture de ceux que tu vois rassemblés. » Le dialogue continuait ainsi quelque tems ; mais l'exécuteur levait enfin sa massue à deux mains, et faisait tomber roide mort d'un seul coup le malheureux qui venait de le braver à l'instant même. (*Voyez la gravure en regard.*)

Aussitôt que le prisonnier était assommé, s'il avait une femme que les vainqueurs lui eussent accordée, elle venait verser quelques larmes sur le cadavre de son mari, dont cependant elle devoit manger comme les autres. Ce deuil achevé, ses compagnes se présentaient avec de l'eau chaude pour laver le corps et en enlever la première peau. Celui à qui il appartenait s'approchait alors avec les siens pour le mettre en pièces ; et, non content de faire partager à leurs enfans un aussi horrible spectacle, ces sauvages les frottaient du sang qu'ils venaient de répandre, en les excitant par leurs discours à conserver une haine éternelle pour leurs ennemis.

Lorsque ce corps avait été ainsi dépecé avec des pierres tranchantes, et que les entrailles étaient nettoyées, on le mettait sur le boucan dont nous avons donné plus haut la description ; les hommes l'entouraient, et les femmes même exhortaient leurs maris à les faire souvent assister à de semblables festins.

Aussitôt que le malheureux prisonnier était cuit, ceux qui avaient assisté au massacre faisaient tous leurs efforts pour obtenir une portion de cette proie, moins peut-être par goût pour la chair humaine, que par l'esprit de vengeance qui sans cesse les dominaient. Leur intention, disaient-ils, était qu'en dévorant leurs ennemis les vivans en éprouvassent une terreur plus vive. Ils n'épargnaient dans leurs horribles festins que les crânes des victimes, qu'ils amoncelaient dans les villages pour les montrer aux étrangers comme des preuves de leur courage.

Ils gardaient aussi avec soin les os des bras et des cuisses pour en faire, comme nous l'avons déjà dit, des espèces de fifres ou de flûtes, réservant de même les dents dont on formait des colliers de guerre.

Ceux qui avaient servi d'exécuteurs dans de semblables occasions, pour perpétuer la mémoire de la gloire qu'ils avaient acquise, se faisaient inciser jusqu'au sang les bras, les cuisses et le gras de la jambe, pour introduire ensuite dans la plaie une poudre noire que l'eau ou le frottement continuel ne pouvaient jamais effacer.

Ces peuples, dont plusieurs usages nous font horreur, possédaient cependant quelques vertus à un degré éminent. Le voyageur que les infortunes conduisaient parmi eux, y recevait les preuves de la plus touchante hospitalité : fidèles à leurs sermens, ils combattaient jusqu'à la mort pour leurs alliés, et on les a vus plus d'une fois donner aux vieillards des preuves du plus grand respect et du plus extrême dévouement.

Les Tupinambas, quoique disposés par leur caractère à une sorte d'indolence mélancolique qui distingue en général les sauvages du Nouveau-Monde, aimaient cependant à se réunir pour former des danses et des jeux de toute espèce, qui se prolongeaient souvent pendant des semaines entières. Les hommes et les femmes se divertissaient presque toujours séparément ; mais ils étaient dans l'usage de se réunir pour boire la liqueur enivrante que l'on obtient du manioc, et qu'ils réservaient pour leurs fêtes, sans jamais en user pendant les repas.

La langue tupique, que parlent encore les indigènes civilisés du bord de la mer, est, à ce qu'il paraît, un dialecte du guaranis, considéré comme une mère langue dont on retrouve les racines dans un espace de soixante-dix degrés. Elle est privée de certaines lettres de notre alphabet, telles que *f*, *l*, *j*, *z* et *v*, et les noms substantifs ou adjectifs sont indéclinables, sans admettre même de pluriel. Comme dans le français, les pronoms indiquent les personnes des verbes, qui ont deux modes de conjugaison, puisqu'il existe un affirmatif et un négatif. On ne peut s'exprimer en tupi qu'au présent de l'indicatif, à l'imparfait, au prétérit défini, au prétérit indéfini et au futur.

Quoique les missionnaires aient longtems prêché dans cette langue au Brésil, ils ont dû nécessairement rencontrer beaucoup de difficultés à rendre leurs idées dans un idiome extrêmement pauvre, et même presque entièrement privé de termes abstraits.

Les Tupis, comme nous l'avons déjà dit, se divisaient en plusieurs tribus, conservant des usages presque semblables, mais changeant fréquemment de territoire, et se déclarant quelquefois la guerre entre elles.

Lors de la conquête, les Carijos dominaient avec les Guaynazès, leurs ennemis déclarés, la côte au sud de Saint-Vincent de l'île Sainte-Catherine. Ce peuple était peu belliqueux, ne faisait jamais la guerre aux blancs, et ne se livrait point, à ce que l'on prétend, à l'horrible coutume de l'anthropophagie. Sous un climat qui commence à être moins chaud que vers le nord, ils avaient besoin de se mettre à l'abri des injures de l'air, et se faisaient avec beaucoup d'art des cabanes presque entièrement construites d'écorces d'arbres.

Les Tamoyos leurs voisins étendaient leurs possessions jusqu'à Angra-dos-Reys, et dominaient ainsi une portion de la capitainerie de Rio-Janeiro où ils vivaient en paix avec les Tupinambas, après cependant avoir déclaré la guerre à toutes les autres nations. Ils excellaient à tirer l'arc, savaient entourer leurs villages de fortes palissades de bois, et se livraient un peu plus à l'agriculture que les autres Brésiliens, qui en général les respectaient, et les regardaient comme les plus habiles musiciens du pays.

Les Tupinambas, les Tupiniquins et les Tupinaès paraissaient sortir plus particulièrement de la même souche, et étaient maîtres de tout le terrain compris entre Rio-Janeiro et la baie de San-Salvador, qu'ils tenaient aussi sous leur domination. Cependant les Tupiniquins, qui occupaient Porto-Seguro, Ilheos et Espiritu-Santo, ne furent point toujours en paix avec les Tupinambas, dont ils étaient environnés au nord et au sud. Ils formaient néanmoins une tribu recommandable par son courage et son amour pour le travail. Ce fut elle qui accueillit avec tant d'empressement Pedralvez Cabral, lorsqu'il aborda à Porto-Seguro. Les Aymorès l'ayant presque entièrement détruite, elle s'est assez promptement décidée à embrasser le christianisme, pour trouver du secours parmi les Européens, et habite encore le bord de la mer où elle s'occupe fort peu de l'agriculture.

Tout le Pernambuco était dominé par les Tayabarès et le Cahétès, bien plus farouches que les autres Tupis dont nous avons déjà parlé. Ces sauvages, continuellement en guerre avec les nations qui les avoisinaient, étaient redoutés même des Tupinambas. Ils avaient l'art de construire des radeaux très-solides en liant de longues perches à côté les unes des autres, et en les couvrant d'espèces de fascines de paille, très-serrées, fortement attachées au bois. Dix à douze individus montaient sur ces frêles embarcations, qui formaient quelquefois des espèces de flottilles que l'on a vues porter la guerre chez les Tupinambas établis à San-Salvador. Ceux-ci ne purent point supporter long-tems de semblables outrages; ils se liguèrent avec les Tupinaès, marchèrent vers l'intérieur pour faire alliance avec les Tapuyas, leurs ennemis de tous les tems, qui avaient aussi à se plaindre des Cahétès. Ils battirent enfin ces voisins incommodes, dont presque aucun ne put échapper à la mort ou à l'esclavage. Les vainqueurs, après en avoir dévoré un grand nombre, vendirent les autres pour des objets d'une très-faible valeur.

Rien n'approche de la férocité des Pitigoarès qui dominaient sur toute l'étendue du terrain comprise entre le rio Grande et le Parahyba, d'où ils allaient même jusqu'au fleuve des Amazones. Jamais ils ne pardonnaient à leurs ennemis comme les autres sauvages le faisaient quelquefois; mais ils les mangeaient et les dévoraient aussitôt après les avoir fait prisonniers. Leurs cérémonies et leurs divertissemens étaient du reste entièrement semblables à ceux des Tupinambas qui, comme nous l'avons déjà dit, avaient prévalu sur toute la côte.

Ces peuplades, dont nous ferons connaître les restes en parlant de chaque capitainerie, se sont alliées depuis entre elles, n'ont conservé presque aucun caractère distinctif; et quoiqu'elles puissent prétendre à tous les avantages accordés aux Portugais, elles s'abandonnent à une indolence apathique dont rien ne peut les tirer.

Il nous reste également à jeter un coup d'œil sur les Tapuyas; mais nous décrirons leurs usages, et ceux de quelques autres tribus, en parlant des Aymorès ou Boutocoudos, des Puris et des Coroados, qui descendent, à ce que l'on assure, de cette ancienne nation, et se font encore redouter dans une grande partie du Brésil.

FIN DU TOME PREMIER.

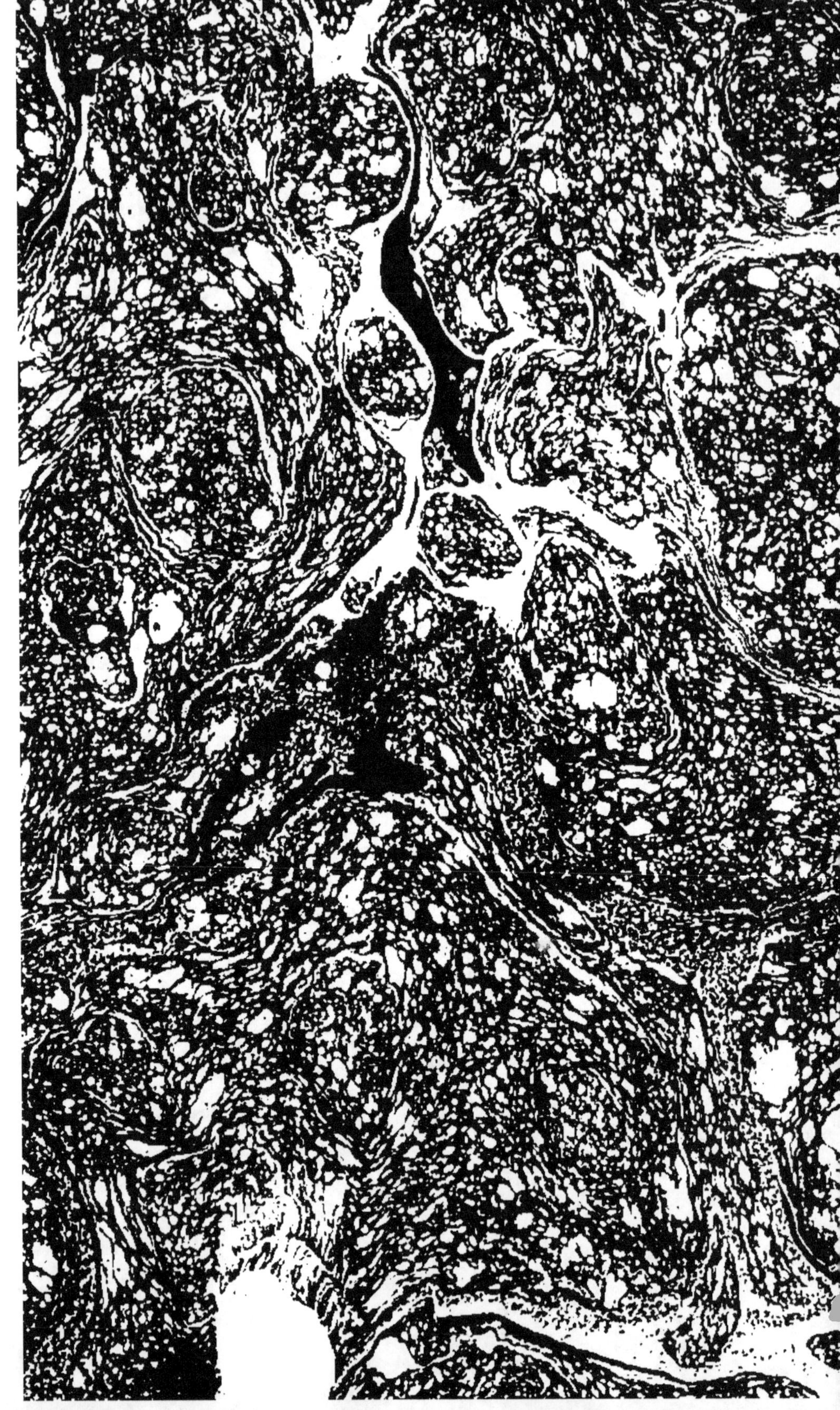

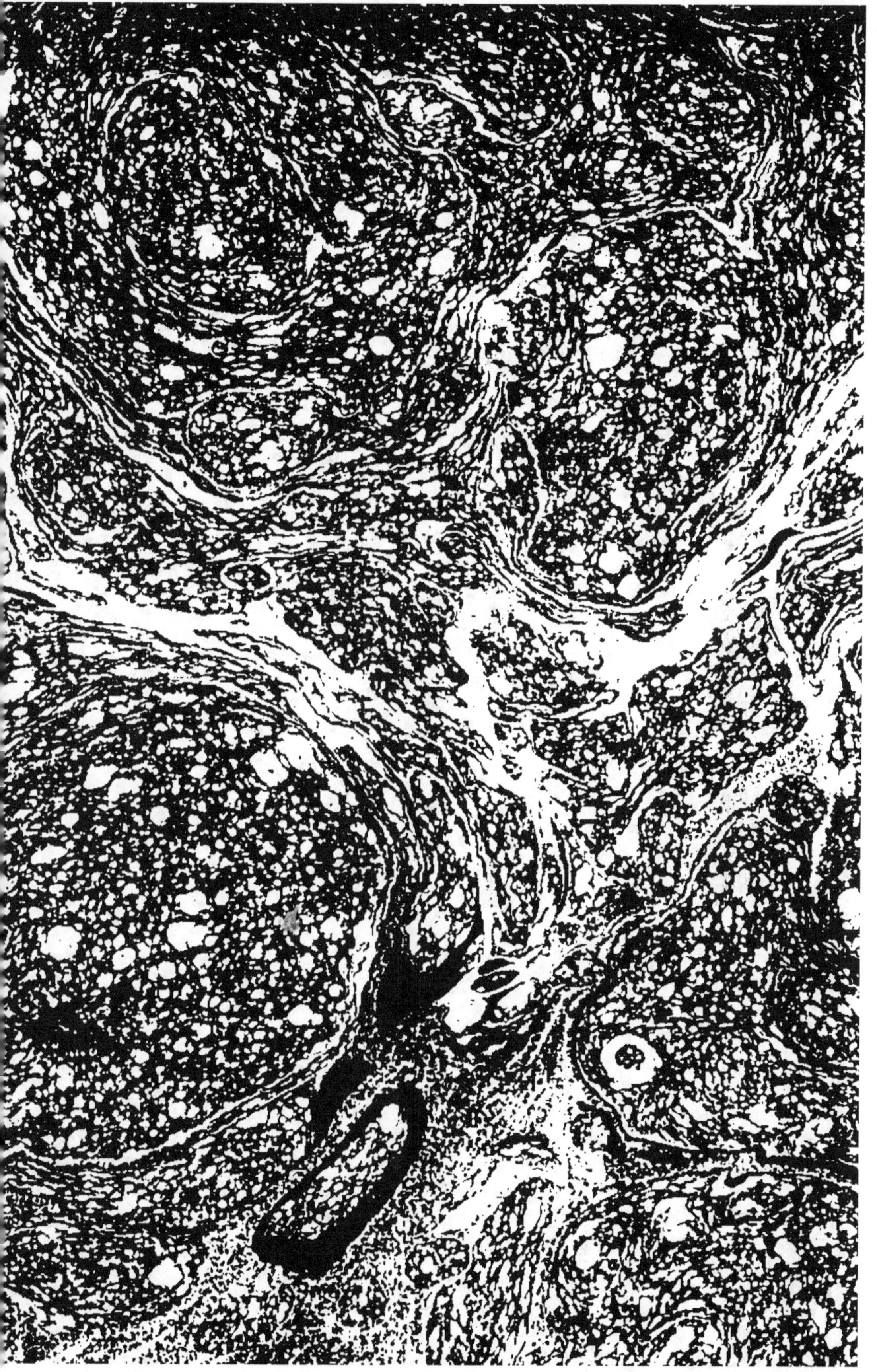

www.ingramcontent.com/pod-product-compliance
Lightning Source LLC
LaVergne TN
LVHW050509100826
845148LV00002B/273

* 9 7 8 2 0 1 2 6 8 5 4 5 1 *